숨

펴 낸 날   2019년 7월 29일

지 은 이   최동엽
펴 낸 이   이기성
편집팀장   이윤숙
기획편집   최유윤, 이민선, 정은지
표지디자인   최유윤
책임마케팅   임용섭, 강보현
펴 낸 곳   도서출판 생각나눔
출판등록   제 2018-000288호
주   소   서울 잔다리로7안길 22, 태성빌딩 3층
전   화   02-325-5100
팩   스   02-325-5101
홈페이지   www.생각나눔.kr
이 메 일   bookmain@think-book.com

• 책값은 표지 뒷면에 표기되어 있습니다.
  ISBN 979-11-90089-43-2 (03190)

• 이 도서의 국립중앙도서관 출판 시 도서목록(CIP)은 서지정보유통지원시스템 홈페이지
  (http://seoji.nl.go.kr)와 국가자료공동목록시스템(http://www.nl.go.kr/kolisnet)에서
  이용하실 수 있습니다(CIP제어번호: CIP2019026724).

우리는 태어날 때 숨을 쉬면서 태어난다. 그리고 부지런히 숨을 쉬다가 어느 시점, 다시 들이쉬지 못하는 때가 온다. 그 시점이 죽음이다.

지금 당신이 살아있다는 것은 부지런히 들숨과 날숨이 움직이고 있다는 뜻이다.

숨을 쉰다는 것은 몸과 관련이 있지만, **숨을 본다는 것은 마음과 관련**이 있다.

이 책은 숨을 보면서 우리가 해온 생각의 허구와 그 생각의 짐을 지고 살면서 탐욕과 성냄, 집착으로 이어지는 일련의 마음의 흐름을 멈추게 혹은 내려놓게 되는 방법에 관한 이야기이다.

우리가 추구하는 행복이란 것의 본질과 세상은 무엇에 의해 돌아가는지에 대한 답도 제시할 것이다.

살아오면서 우리가 나와 세상에 대해 가지는 생각들과 개념들을 해체해서 그것들의 실체 없음을 통해 본질을 드러낼 것이다.

이 책은 마음과 세상의 본질에 관한 이야기이다.

그 바탕은 불교의 가르침에 두고 있다.

본질적인 측면에서 세상을 바라본다면 당신은 불편한 진실과 마주칠 수도 있을 것이다.

이 책은 현재의 삶이 너무 행복하고, 죽으면 모든 게 끝이 난다고 생각하는 사람들에게는 읽을 의미가 없을 것이다. 이 책은 삶의 본질은 고통이고, 그 고통이 계속 이어지고 있다는 것을 말하고 있기 때문이다.

나의 과거는 평탄하지 않았다. 나는 대학교 입학금도 겨우 마련할 정도로 가난한 집에서 태어났다. 경영학과에 지원한 이유는 단한 가지였다. 사업을 통해 돈을 많이 벌고 싶었다. 그러려면 경영학이 필수라고 생각했다. 스스로 돈을 벌어 등록금을 대야 했다. 대학 3학년 때 결혼도 했다. 결혼의 목적은 단 하나였다. 목돈을 마련하기 위해서였다. 그런 목표 덕분에 대학 4학년에는 학교 앞상가의 건물주가 되었다. 그때 내 나이 29살이었다. 휴학과 복학을 반복하며 9년 만에 대학을 졸업했다. 군고구마 장사, 만화방, 시내버스 운전, 베트남과 캄보디아 중고 건설 장비 수출, 식당, 전업 투자자, 투자자문회사, 전문 건설업 등에 종사했었고, 결혼과 사업 실패, 야반도주, 기초생활보장 수급자 생활, 이혼, 신용 불량자 전락 등 별의별 경험을 다해보았다.

40대에 가족을 버리고 야반도주를 한 적이 있었다. 태어나서 처음으로 눈물이 저절로 흐르는 것을 느꼈다. 동시에 무엇인가 잘못되었다는 사실을 어렴풋이 깨달았다. 그 무렵 나를 변하게 한 것이 불교였다. 당시는 한글로 불교 경전이 한창 번역되고 있을 때여서, 운 좋게도 한글 경전을 만날 수 있었다. 그때 경전을 통해 그동안 내가 살아온 삶의 기본 전제가 잘못되어있었다는 사실을 깨달았다. 즉, 본질을 전혀 보지 못한 채 느낌을 행복이라 생각하고, 원인과 결과를 부정했고, 업과 과보에 대한 지혜가 없었다.

그리고 그 무지로 인해 나와 세상을 집착해서 눈에 보이는 그것들이 전부인 양 착각하며 살아왔던 것이다.

불교의 가르침을 만나고, 즉 본질에 대해 이해를 하고 난 후 그 가르침을 내 삶에 접목해보았다. 놀라운 변화가 일어났다.

지금 나는 연 매출 약 200억대의 중소기업 대표가 되었다. 또 송도에서 가장 '핫'하다는 곳에서 살고 있다. 혹자는 단순히 운이 좋아서, 일이 잘 풀려 사업이 잘되었고, 돈이 많아 행복해진 것이 아니냐고 묻는다. 그러나 사업이 성공한 것은 내가 겪고 있는 여러 변화 중 하나일 뿐이다. 기초생활 수급자에서 중소기업 대표가 되기까지 나는 불교의 가르침을 따랐다. 그리고 나 자신뿐만이 아니라 주변 사람들까지 행복해졌고, 완전히 평화로워지고 있다. 나는 이 책을 통해 그 가르침을 나누고자 한다. 불교는 길을 보여줄 뿐 강요하지 않는다. 그 길을 통해 많은 사람이 더 행복해지기를 발원한다.

차례

2장 본질에의 접근

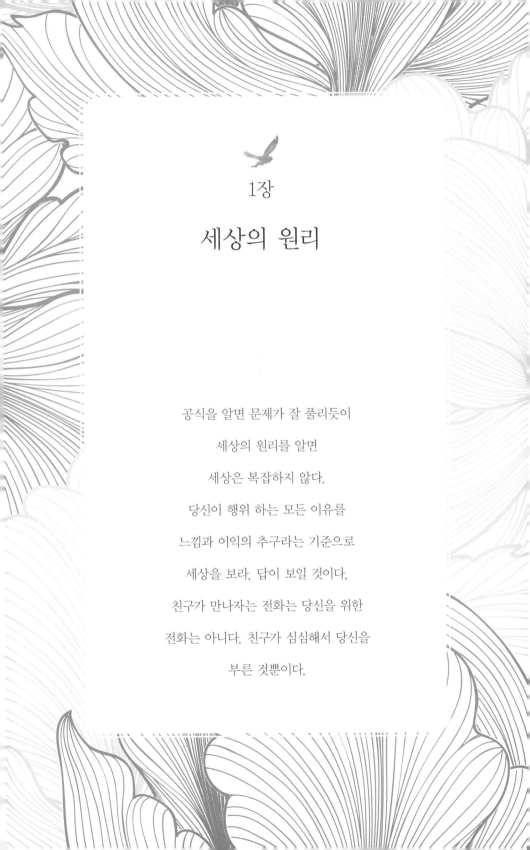

1장

세상의 원리

공식을 알면 문제가 잘 풀리듯이

세상의 원리를 알면

세상은 복잡하지 않다.

당신이 행위 하는 모든 이유를

느낌과 이익의 추구라는 기준으로

세상을 보라. 답이 보일 것이다.

친구가 만나자는 전화는 당신을 위한

전화는 아니다. 친구가 심심해서 당신을

부른 것뿐이다.

사기당하지 않는 법

: 상가 투자가 대부분 실패하는 이유

사기를 당하지 않으려면 이 한마디만 기억하면 된다. "좋은 것이 있으면 나에게 안 온다." 지극히 상식적인 수준에서 봐도 사기를 당하지 않는데, 아직도 금융 사기가 일어나고 있는 이유는 단 한 가지.

당신의 마음속에 **들뜸** 과 **탐욕** 이라는 심리 현상이 모든 것을 가리기 때문이다.

H 엘리베이터와 서울 지하철 스크린 도어 바닥 공사를 할 때였다. 그때 한 역사당 견적 금액이 4천만 원 정도로 알고 공사를 계획하고 있었는데, 그 단가면 나름 좋은 단가였다. 원청에서 몇 군데 업체 견적을 받더니 나한테 3천2백만 원이라는 금액을 제시하는 것이었다. 처음 이야기와 달려져서 내가 지하철 공사 본부장을 만나서 따졌더니 그분이 하는 말, "좋은 가격이면 우리가 직접 하지 왜 사장님에게 맡기겠어요? 좋은 것 있으면 사장님한테 안 가요." 이 말은 내가 두고두고 가슴에 새기는 말이고, 모든 사업적 판단에 기준을 두고 있는 말이다.

기획 부동산에서 전화가 온다. "지금 투자하면 몇 배 더 오를 좋은 땅이 있어요."

그때는 이렇게 생각하면 된다. '그 좋은 땅이 나같이 박복한 사람에게 오다니, 그건 아마 사기일 거야.' 상가 분양도 마찬가지이다. 목이 좋은 상가는 분양하지 않는다. 나에게 이득이 되는 좋은 상가를 남에게 줄 이유가 있겠는가? 좋은 상가는 건설사들이 직영으로 관리하거나 관계자들의 가족들이 보유하고 있을 것이다. 혹, 운이 좋아 당신에게 온다면 아주 비쌀 것이다. 목이 좋은 상가는 자기들끼리 다 해먹는다. 그래서 대부분 광고하는 상가들은 좋은 것이 아닐 확률이 높다.

고금리 보장, 주식시장의 고급 정보, 뭔가 들어선다는 좋은 땅, 대형 쇼핑몰이 들어온다는 상가, 대박이 터진다는 투자 제안 등이 들어오면 이런 상식적인 의심을 해라. 좋은 것 있으면 나한테 안 온다. 그 좋은 것을 나 같으면 남을 주겠는가? 나 역시도 옛날에 문경 폐광 지역에 카지노가 들어선다는 기획 부동산에 혹해서 부동산을 산 적이 있다. 사실 수많은 사람 명의로 된 등기만 받았지, 그 땅의 정확한 위치조차 알지 못했다. 그때 대구 지역 모 방송국의 부사장이 매입했다느니, 정치권에서 손을 댔다느니 하는 정보를 많이 듣고 마음이 붕 떠있는 상태였다. 결과는 엄청난 손해였다.

불교를 만난 지금 돌이켜 생각해보면 그때의 심리 상태는 '대박이라는 공짜'를 바라는 심리 현상이었다. 불교에서는 보통 사람들이 행복하게 살기 위해서 지켜야 할 5가지를 말하고 있는데, 그 중 두 번째가 **'주지 않는 것을 바라지 마라'**, 즉 '공짜 바라지 마라'이다.

사기를 당하는 사람의 마음은 **들뜸**, **탐욕**이라는 심리 현상에 가려 눈이 먼 상태이다. 대박이 터진다는, 돈을 쉽게 벌 수 있다는 말에 붕 떠있는 마음 상태에 탐욕이 합쳐져서 옆에서 누가 뭐라고 이야기해도 믿지를 않는다. 많이들 경험했을 것이다. 세상이 돌아가는 가장 큰 원인은 이익과 손실이다. 당신이면 누군가에게 쉽게 이익을 주겠는가? 사기의 본질은 이익과 손실이다.

모성애는 위대한가?

: 작은 고통의 선택

부모가 고통스럽게 일을 해서 자식들을 뒷바라지하는 것은, 뒷바라지하면서 겪는 육체적 정신적 고통보다 뒷바라지해주지 않는 정신적 고통이 더 크기에 작은 고통을 선택하는 것이다. 반대로 자식을 버리는 부모도 있다. 갓난아기를 버리거나 심지어 제법 큰 아이들을 버리고 도망을 간다. 남편의 학대나 아이들과 같이 경제적 고통을 감당하기가 힘이 든다는 이유이다. 결국, 자식을 버리는 고통이 같이 사는 고통보다 적기에 자식을 버리는 작은 고통을 부모는 선택한다.

그러나 각 개인의 상황 앞에 모성애는 다르게 나타난다.
누구는 자식을 버리고,
누구는 지체장애나 정신장애아인 자식을 평생 거두며 살고,
누구는 지체장애나 정신장애아인 자식을 시설에 맡기기도 한다.
세상이 복잡하게 보이는 이유는 이렇게 상황이 다르게 나타나기 때문이다.

모성애가 위대하다면, 숭고한 진리라면 어떻게 이런 결과가 나올

수 있을까? 모성애라는 말 역시 개념일 뿐이다. 개념은 상황에 맞게 붙여진 말일 뿐이지, 진리는 아니라는 것이다. 당신이 딸이면서 어머니이듯이, 상황에 따라 붙여놓은 이름일 뿐이다. 그러나 우리는 이 개념에 함몰되어 진리인 양 믿어버린다는 것이다. 숭고해보이고 위대한 진리 같은 모성애의 본질 역시 이익과 손실이다. 작은 고통을 선택한다는 것은 큰 고통보다 이익이기 때문인 것이다.

경전을 인용한다.

"비구들이여, 예를 들면 남편과 아내 두 사람이 적은 양식만을 가지고 사막의 길을 떠났다 하자. 그들에게는 사랑스럽고 소중한 외동아들이 있었다.
비구들이여, 그런데 남편과 아내 두 사람이 사막의 길을 떠나서 그 적은 양식이 다 떨어져 버리고 다 소비되어버렸지만, 아직 사막은 남아있고 끝에 도달하지 못했다.

비구들이여, 그러자 남편과 아내 두 사람에게 이런 생각이 들었다.
'우리들의 적은 양식이 이미 다 떨어져 버리고 다 소비되어버렸지만, 아직 사막은 남아있고 끝에 도달하지 못했다.

그러니 우리는 이 외동아들이 사랑스럽고 소중하지만 이를 잡아서 육포를 만들고, 꼬치에 꿰어 구워서 아들의 고기를 먹으면서 아직 남아있는 사막을 건너야 하지 않을까? 우리 셋 모두다 죽어서는 안 되니까.'라고.

비구들이여, 그래서 남편과 아내 두 사람은 외동아들이 사랑스럽고 소중하지만 그 아이를 잡아서 육포를 만들고, 꼬치에 꿰어 구워서 아들의 고기를 먹으면서 아직 남아있는 사막을 건널것이다.
그들은 아들의 고기를 먹으면서 '외아들아, 너는 어디에 있니! 외아들아, 너는 어디에 있니!'라고 하면서 가슴을 치며 울 것이다."

— 「아들의 고기 경」(S12:63)

셋이 다 죽는 것보다 둘이라도 사는 게 이익이다.
이것이 우리 세상살이의 본질일 것이다.
숭고하다고 위대하다고 말하는 모성애도
본질적으로 보면 역시 이익과 손실일 뿐이다.

엄마, 내년에는 김장하지 마!

해마다 김장철이면 엄마와 딸이 이런 대화를 하는 것을 들을 수 있다.

"엄마! 이제 나이도 있고, 김장하고 나면 몸도 아프잖아. 내년에는 하지 마."

노모는 별 반응이 없다. 여기에도 이익과 손실이라는 원칙이 작동된다. 노모는 김장할 때 힘이 들고 고통스럽지만, 김장을 안 보내주는 마음이 편하지 않기에, 즉 고통이 더 크기에 김장하는 고통을 선택한다. 노모에게는 딸이 뭐라고 짜증을 내도 이득이다. 일 년 내내 마음이 편하기 때문에.

딸은 또 어떠한가? 엄마가 담가준 김치는 맛있지만, 김장하고 나면 엄마는 늘 몸이 아프니 어쩌니 한다. 그래서 매년 내년에는 김치 담그지 말라고 말한다. 딸은 엄마가 아프다고 말할 때 마음이 편하지 않다. 그래서 그 맛있는 김장김치를 포기한다. 왜? 김치를 먹지 못하는 고통보다 엄마가 아프다는 말을 듣는 고통이 더 크기에 작은 고통을 선택한다. 그게 더 마음이 편하기 때문에.

엄마가 자식을 사랑한다면 원하지 않는 김장을 하지 않으면 된다. 자식이 엄마를 위한다면 그냥 조용히 먹어주면 된다. 그러나 여기에는 한 치의 양보도 없다. 왜냐하면, 나의 이익이 걸려있기 때문이다.

이 이야기는 우리 집 이야기다. 위로는 누님들이 계시는데, 김장할 때마다 노모와 해라, 마라 하는 이야기가 나오길래 불교를 만나고 본질적으로 한 번 분석해본 것이다. 세상살이가 편하려면 양보를 하면 된다. 그러나 양보를 하려면 나의 마음을 정확히 볼 줄 알아야 하고, 본질도 정확히 이해해야 한다. 그래야 상황이 변해도 같은 결과를 도출해낼 수 있다는 것이 불교의 가르침이다.

세상살이 다 자기 마음 편하자고 하는 일들이 본질이고,
김장의 본질 역시 이익과 손실이라는 것이다.

친구야 밥 먹자

세상을 살면서 친구처럼 편하고 좋은 말이 있을까? 내 속내를 다 들어주고, 나의 결점도 다 이해해주고, 힘들 때와 외로울 때도 심지어 심심할 때도 불러내면 다 나올 것 같은 친구. 평생 좋은 친구 한 명만 있어도 인생은 성공이라는 말도 있고, 친구와는 돈거래는 절대 하지 말라는 말도 있다.

과연 친구의 본질은 무엇인가? 우리는 우선 좋은 친구와 나쁜 친구를 구분한다. 기준은 무엇일까? 좋은 친구는 나에게 잘 해주는 친구이고, 나쁜 친구는 나를 불편하게 하는 친구이다. 즉 나의 기준에서 즐거움과 괴로움, 이익과 손실이라는 것이다.

좋은 친구는 나를 즐겁게 해준다. 내가 힘들다고 하면 여러 가지 방법으로 위로해주고, 술을 같이 먹어준다든지, 나의 이야기를 잘 들어준다든지, 같이 여행을 가준다든지 한다. 즉 좋은 친구를 만나면 여러 가지로 즐거운 느낌이 많이 일어난다는 뜻이다. 반면 나쁜 친구는 나를 불편하게 한다. 즉 괴로운 느낌을 많이 준다는 뜻이고, 나에게 무리한 부탁을 한다. 돈을 빌려달라고 하기도 하고, 심지어 보증도 서달라고 하기도 한다. 그래서 나에게 별반 도움이 되지 않는다. 만나면 즐거운 느낌보다 괴로운 느낌이 더 많아서 그 친구는 나쁜 친구가 되는 것이다. '좋다', '나쁘다'의 기준은 순전히 나 자신의 기준이다. 왜냐하면, 나에게 나쁜 친구가 다른 사람에게는 좋은 친구가 될 수 있으니까.

나도 친구들을 좋아했다. 친구들 사이에서 화끈하고 통 큰 친구라는 이야기를 들었고, 그때마다 기분이 좋았다. 근데 그 화끈하고 통 크다는 것은 내가 친구들에게 뭔가 줄 수 있을 때 이야기이지, 하던 일들이 잘 안 되고, 경제적으로 어려워지자 친구들은 변했다. 친하다는 친구에게 어렵게 돈 이백만 원을 빌려달라고 부탁을 했는데 친구에게 거절당했을 때, 그때 여러 가지로 친구를 원망했지만 본질적으로 보면 당연한 것이다. 망해가는 친구나 회사에 투자는 하지 않는 게 인지상정이기 때문에. 친구라는 관계역시 이해관계일 뿐이고, 이익과 손실의 구조일 뿐이다.

친구에게 전화가 온다. "야, 오늘 술 한잔하자. 내가 술 살 테니나와!"라고 한다. 공짜로 술을 먹으니 손해는 아니지만, 오늘은 만사가 귀찮다. 그래서 술 먹는 즐거움보다 집에 누워있는 편안함을선택하기로 한다. 오늘 나는 그 친구에게 의리 없는 나쁜 친구가될 것이다.

누구나 어려울 때 힘이 되고, 나를 잘 이해해주는 진정한 친구를 원할 것이다. 그러나 그런 친구는 구하기 힘들다. 왜냐하면, 당신 역시 어려워진 친구가 가까이 다가오면 부담스럽게 생각할 것이기 때문이다. 친구는 편하지만, 본질은 이해관계일 뿐이다.

경전을 인용한다.

"사람들은 이익을 추구하여 남을 경모하고 의지해 산다. 이익을 추구하지 않는 자들은 만나기 어렵나니 오늘날 그런 친구들을 만나기란 정말 어렵다. 자기 이익에만 기지를 발휘하는 사람들은 청정하지 못하나니 무소의 뿔처럼 차라리 혼자서 가라."

　　　　　　　　　　　　　　　　　　　　　－『숫따니빠따』(Sn1:4 {41})

주식 투자에 성공할 수 없는 이유

"기업을 상장시키는 것은 자본주의 최대의 사기이다." 어디선가 들어본 말이다. 주식을 하고 있다는 것은 자본주의 최대의 사기로 만들어진 주권을 거래한다는 뜻이다. 쉽지는 않을 것이다. 『금융 투기의 역사』라는 책을 읽은 기억이 난다. 그 책에서 느낀 점은 튤립, 철도, 채권 상품 등등 품목만 바뀌었지 열풍이 불었다가 사라지는 행태는 같다는 것이었다. 결론은 주식시장은 공포와 탐욕을 먹고 산다는 것이었다.

우리가 주식 투자에 실패하는 이유는 **주식 투자가 공포와 탐욕이라는 인간 본성에 대한 도전이기 때문이다.** 월가에서는 원숭이와 경제 기자와 펀드매니저를 두고 수익률 게임을 한다는 이야기가 있다. 매번 원숭이가 1등을 하고, 하버드대학 경제학과 정도 나온 펀드매니저는 꼴찌를 한다는 이야기가 시사하는 바는 무엇일까? 원숭이는 다트를 던져서 투자하는데, 원숭이에게 다트는 공포의 대상도, 탐욕의 대상도 아니다. 그러나 우리 인간들에게는 시세의 등락이 얼마나 많은 공포와 탐욕을 불러일으키는지 투자해본 사람들은 알 것이다.

가까운 친척이 공무원이었는데, 내가 건설 쪽 일을 하면서 몇 번 만나게 되었다. 어느 날 갑자기 안 하던 주식 투자를 하겠다고 나한테 물어보길래 나의 실패담을 이야기하면서 하지 말라고 극구 말렸다. 알다시피 그게 말린다고 될 일인가? H 제철의 장기 투자 이유를 설명하면서 그는 주식을 시작했다. 나는 그때 "네가 1년만 매매를 하지 않으면 세계에서 가장 훌륭한 펀드매니저가 될 거야."라고 했던 말이 기억난다. 1년 후 다시 만났는데, 종목이 바뀐 것은 물론이고 수십 번을 사고팔았다고 한다. 수익률은 묻지 않았다. 이 바닥이, 조금 땄을 때는 자랑을 하는데, 잃었을 때는 아무도 말을 안 한다. 그래서 주식시장에 돈 땄다는 사람들은 많은데 마지막에 벌었다는 사람들은 없는 것이다. 헤어지면서 이 이야기를 했다. 『금융투기의 역사』라는 책에 이런 말이 있는데, 중세 사람들은 눈에 보이지 않는 세균에 감염되어 죽는다는 사실을 모른다. 같은 논리로 주식 하는 사람들은 주식 중개 수수료에 죽어나가니 수수료를 계산해보라고.

주식시장에서 돈을 잃는 것은 당신 잘못이 아니다. 본질적으로 마음은 매 순간 변하기 때문이다. 그것도 어떤 대상을 만나느냐에 따라서 변화의 강도가 달라진다. 0.1% 시세가 움직이면 마음이 흔들리지 않는다. 그러나 15% 이상 시세가 움직이면 심리 현상 중 들뜸, 탐욕, 성냄이 움직이기 시작한다. 지금은 광속의 인터넷 시대다. 수많은 정보가 들어오고, 그 정보가 움직이는 속도보다 더 빠르게 당신의 마음은 움직인다. 모니터의 시세 차트가 등락을 거듭하고, 정보들이 쏟아져 들어온다. 내 마음에 들뜸과 탐욕, 성냄 등이 일어나면서 나는 결국 매수 혹은 매도 엔터키를 누르고 만다.

이러한 현상의 본질은, 마음이 대상에 반응하고 있는 것뿐이다. 당신이 1년간 주식을 보유하고자 했다면 처음 마음처럼 보유하면 된다. 그러나 마음의 고유 성질은 대상을 아는 것이기에 대상을 아는 순간 무조건적인 반응을 한다. 왜냐하면, 당신은 아직 한 번도 자각하는 것을 멈추는 법을 배우지 못했기 때문이다. (후에 '숨'을 통하여 자각하는 방법과 멈추는 방법을 배울 것이다.)

더욱더 중요한 사실은, 주식을 오래 한 사람들은 새가슴이 되어서 자신이 돈을 따지 못한다는 것을 알고도 계속하고 있다는 사실이다. 무엇 때문에 피 같은 돈을 잃어가면서도 계속 주식매매를 하는 것일까? 혹, 도박 중독이라고 들어본 적이 있는가? 원하는 패가 왔을 때 짜릿함, 그 기분은 알 만한 사람은 다 알 것이다. 그 맛은 돈을 잃어도 잊지 못한다. 시세 등락이 주는 느낌의 변화, 그것의 짜릿함이 주식 투자는 실패한다는 사실을 누구보다 잘 알고 있는 사람들이 아직도 주식 투자라는 미명 아래 중독에서 벗어나지 못하고 있는 이유이다.

즉 느낌 과 탐욕 의 노예인 것이다.

주식시장의 본질은 이렇다.

주식시장은 공포와 탐욕으로 시세가 움직이고(경제 논리를 들먹인다면 아직 아마추어이다), 들뜸 , 탐욕 , 성냄 이라는 인간 본성을 거슬러야 하고, 시세 등락에서 오는 느낌 의 변화에 무덤덤해야 성공할 수 있는, 인간 내면 심리와의 게임이다. 성공할 수 있겠는가?

나도 한때 주식시장에서 대박을 꿈꾼 적이 있다. 그것이 얼마나 어리석은 일인지 주식을 해본 사람들은 알 것이다. 전업 투자를 한답시고 모니터 4대를 켜고 매매했는데, 공부하면 할수록, 알면 알수록 수익률은 더 떨어지는 것이었다. 장이 끝나고 밀려드는 그 허무함과 불안감은 말로 할 수 없었다. 돌이켜보면 도박 중독자의 전형적인 모습은 아니었나 생각한다. 불교를 만나고 난 이후로는 주식, 경마, 카지노 등에서 본질을 보지 못한 채 느낌에, 탐욕에, 집착에 끌려다니면서 대박을 바라고, 공짜를 바라는 우리들의 삶이 참으로 측은하게 느껴졌다. 돌이켜보면 대박이 터진다는, 공짜를 바라는 희망을 품고 전업 투자를 할 때가 가장 불행했던 것 같다. 잡을 수 없는 무지개를 쫓아다니는 일이 얼마나 힘이 들고 슬프겠는가!

현재의 결과는 과거 행위들의 총합이다. 지금의 노력이 미래의 결과를 결정한다. 물론 여기에 각자 본인들이 쌓은 전생의 업이라는 원인도 개입된다. 복잡하게 삶의 결과들이 전개되는 것 같지만, 큰 틀에서 보면 오늘의 내가 무엇을 하고 있는지 안다면 당신은 미래를 알 수 있을 것이다.

불교의 가르침을 만나고 로또를 사는 일을 그만두었다.
로또를 사고 있다면 당신은 아직도 가난한 사람일 것이다.

결혼하는 이유와 이혼하는 이유는 같다

"항해를 나갈 때는 한 번 기도하고, 전쟁터에 갈 때는 두 번 기도하고, 결혼하기 전에는 세 번 기도하라."라는 서양 속담이 있다.

결혼하는 이유는 사실 간단하다. 저 사람과 살면 지금보다 더 행복하다든지, 더 편하다든지, 더 즐겁다든지를 기대하기 때문이다. 본질적으로 나에게 더 많은 이익과 더 즐거운 느낌이 있을 거라는 이야기이다. 이것을 '당신을 사랑합니다', '당신이 필요합니다', '당신이 없으면 삶의 의미가 없습니다', '당신만을 사랑하겠습니다' 등의 개념으로 표현한다. 그런데 이 간단해보이는 이유가 당사자가 아닌 가족으로 넘어가면 이야기가 달라진다. 아들은 대학을 나왔는데, 며느리의 학력은 거기에 미치지 못한다. 당사자들은 문제가 없는데, 시어머니가 마음이 불편하다. 아들이 손해를 보는 것 같다. 괴로운 느낌이다.

남편의 누나인 형님은 새댁이 인사를 잘하는 것 같아서 기분이 좋다. 즉 즐거운 느낌으로 상대방을 평가한다. 남편의 여동생인 아가씨는 새댁이 잘난 척하는 것 같아서 볼 때마다 기분이 좋지 않다. 즉 괴로운 느낌으로 상대방을 평가한다. 당사자 간의 이익과 손실과 느낌에 가족들의 느낌도 개입되면서 복잡하게 전개된다. 이것이 결혼이 복잡하게 느껴지는 이유이다. 그래서 말도 많고 탈도 많다. 관계자들 모두의 손익과 느낌을 만족시켜야 하기 때문이다. 우여곡절 끝에 결혼식을 끝내고 신혼여행을 갔지만, 거기서 결혼이 깨지는 것을 왕왕 볼 수 있다. 이유 역시 간단하다. 막상 며칠 같이 다녀보니 앞으로 살면서 이익보다 손해가 클 것 같기 때문이다. '돈이 많아 보였는데 시댁에 빚이 많다는 사실을 알았다', '연애할 때는 잘해주는 것 같았는데 신혼여행 때 보니 영 아니다' 등등. 신혼여행 중에 싸워서 헤어지는 것이 아니다. 나의 손익과 즐거움에 반하는 행동을 하는 이유로 싸우는 것이고, 그러다가 헤어지는 것이다.

아무튼, 그렇게 결혼 생활을 유지하다가 이혼이라는 결정을 하게 된다. 왜 당신 없이는 못 산다는 사람이, 영원히 같이 행복하게 살자던 사람들이 이혼을 결심하게 되는 것일까? 조건이 바뀌어버렸다는 것이다. 결혼했을 때는 20~30대 젊은 여자였던 것 같은데, 어느 날 보니 아줌마랑 살고 있는 것 같다. 젊음에서 늙음으로 조건이 바뀌어버린 것이다. 조건이 바뀌어서 옛날만큼 즐거운 느낌이 일어나지 않는다. 다시금 옛날의 느낌을 느끼고 싶은 마음에 자꾸 귀가가 늦어지고, 출장을 가거나 다른 곳으로 발령

이 났으면 하는 마음이 든다.

연애할 때는 무겁다며 가방을 잘 들어주던 사람이 이제는 마트에서 장바구니도 들어주지 않는다. 조건이 바뀌었다. 무거운 것을 잘 들어주는 사람에서 잘 들어주지 않는 조건으로, 내 말을 잘 들어주는 사람에서 무뚝뚝한 사람으로 조건이 바뀌었다.

날렵한 몸매에서 배가 볼록 나온 중년으로, 헤어스타일이 멋있었는데 거의 대머리로 조건이 바뀌었다. 그러나 이런 조건의 변화는 참을 수 있다. 약간의 느낌의 변화만 감수하면 되니까. 문제는 사업이 부진해서, 직장을 잃어서 더 이상 경제적 이익을 나에게 줄 수 없을 때 중대한 결심을 하게 된다. 손익의 균형추가 무너지면서 더 이상 나에게 이익이 없을 때 우리는 성격 차이라는 말로 이혼을 선택하게 된다.

결혼하는 이유가 저 사람과 살면 지금보다 더 행복하다든지, 더 편하다든지, 더 즐겁다든지를 기대하기 때문이라면, 이혼 역시 같은 이유이다. 그래서 본질적으로 결혼과 이혼의 이유는 이익과 손실, 즐거운 느낌과 괴로운 느낌의 손익계산이다.

사실 결혼과 이혼이라는 것도 우리가 살아가는 삶의 현상들 가운데 하나이고, 이름일 뿐이다. 즉 실재하지 않는다는 뜻이다. 결혼한 사람들 대부분은 알 것이다. 우리가 마음속으로는 얼마나 많은 이혼을 했는지…. 몸만 같이 있고 마음이 다른 데 가있다면 그것은 결혼인가 이혼인가? 어떤 때는 봐줄 만하다가 어떤 때는 다시는 보고 싶지 않을 정도로 밉다면 그것은 결혼 상태인가 이혼 상태인가?

결혼할 때 기도를 세 번 하라는 이유는 결혼이, 아니 우리가 삶이라고 하는 것들이, 우리의 몸과 마음이 너무 빨리 변해서(무상, 無常), 그런 변화에 압박되어서(고, 苦), 그 실체 없는 변화를 내 것이라고 붙잡고 있어서(무아, 無我), 우리가 늘 흔들리고 불안하기 때문이리라.

재혼을 쉽게 하는 법

　결혼과 이혼의 이유를 본질적 측면에서 알았다면 재혼하기는 쉽다. 재혼이 어렵다고 생각하는 사람은 아직 본질을 파악하지 못했고, 이혼할 때 손익계산에서 손해를 봤다고 생각하기 때문이다. 다들 재혼이 어렵다고 하는데, 어렵다고 하는 이유는 내 것은 빼앗기지 않고 상대방 것만 빼앗으려고 하기 때문이다.

　재혼의 비법은 이렇다. 사랑하게 되어서 상대방에게 많은 것을 주는 것이 아니라 많은 것을 주어서 상대방이 사랑하게 만드는 것이다. 결국, 이익과 손실과 느낌의 거래이다.

　혼자 밥을 먹고, 집안에 혼자 있는 것이 싫어서 재혼하려 한다면 같이 밥을 먹고, 같이 지내며 기쁨을 줄 상대에게 매달 사랑의 마음을 가장 잘 표현할 수 있는 돈을 주면 된다. 그것도 많이. 그리고 상대방이 실패에 대한 두려움이 있고 그로 인해 경제적 불안감을 가지고 있다는 것을 고려하고, 1년, 3년, 5년, 10년 단위로 더 깊은 사랑의 마음을 표현하는 돈을 주면 된다. 당신의 재산을 사랑하는 사람과 미리 나누어 가지는 것이다. 어차피 죽으면 가지고 가지 못할 재산인데, 미리 상대방과 나누면 당신은 매달, 매년 서로를 깊이 사랑하고 있는 사람으로 비칠 것이다. 이것이 재혼을 쉽게 하는 비법이다. 미리 나누자, 사랑하는 사람과 함께.

내 돈은 어디에?

우리는 돈이 많으면 행복할 거라는 막연한 믿음을 가지고 있다. 과연 그런가? 복권에 당첨된 사람들의 99%는 이전보다 더 불행해졌다고 한다. 왜 그럴까? 돈이 많아졌으면 99%가 더 행복해져야지, 왜 오히려 더 불행해졌다고 할까? 이유는 간단하다. 돈의 본질을 모르기 때문이다.

돈은 실재하지 않는 생각일 뿐이다. 통장에 1억은 누구 돈인가? 지금 이 순간 은행에서 가지고 있고, 돈놀이하고 있다면 응당 은행 돈이다. 당신은 통장에 숫자만 찍혀있는 것을 내 것으로 생각한다. 1억이라는 숫자가 돈인가? 생각이 돈인가? 내일 1억짜리 정기예금 만기일이다. 그동안 은행에 한 달에서 세후 14만 원 정도의 쥐꼬리만 한 이자를 받으며 넣어둔 것인데, 내일이 찾는 날이다. 내일이면 이제 은행 돈이 내 돈이 되는 날이다. 과연 그럴까?

은행에서 5만 원짜리 2,000장, 100장씩 묶으면 20묶음을 가방 안에 넣고 집으로 간다. 기분이 좋다. 그런데 그 돈은 당신 돈이 아니라 현재 가방 안에 있는 돈이다. 그리고 집에 가서 불안한 마음에 돈을 작은 금고 안에 넣어둔다. 이제 당신 돈은 금고 안의 돈이 되었다. 은행 돈, 가방 안의 돈, 금고 안의 돈이지 당신 돈이 아닌 이유는, 당신은 아직 그 돈을 쓰지 못했기 때문이다. 언젠가는 쓸 돈이라고 하지만, 지금 이 순간만을 생각한다면 당신의 1억은 상상 속의 돈일 뿐이다. 내일 죽는다면 한 푼도 쓰지 못할 것이다.

현금 100억대 자산가가 편의점에서 거지처럼 컵라면을 먹고 있다면 그냥 거지가 컵라면을 먹고 있다고 하는 게 눈에 보이는 진실 아니겠는가? 돈은 쓰지 않는다면 생각일 뿐이다. 내 돈이 나의 돈이 되려면 업이 쌓이는 행위를 해야 한다.

자! 그러면 돈이라는 생각이 어떻게 실재가 되는지 살펴보자. 아까 은행에서 찾은 현금 1억 중 천만 원을 지갑에 넣는다. 그리고 명품 가방 매장에 간다. 거기서 아내가 그렇게 사고 싶어 하던 샤넬 백을 육백만 원에 산다. 이제 육백만 원이라는 개념이 샤넬 백이라는 개념으로 바뀌었다. 아직 개념이 실재가 되지 않았다. 당신은 집에 가서 샤넬 백을 부인에게 건네준다. 그 백을 건네주는 순간 개념이 실재가 된다. 당신의 마음에는 주고 싶어 하는 심리 현상인 탐욕 없음의 마음이 일어나고, 아내를 사랑하는 마음과 자애의 마음인 성냄 없음이 일어나고, 편안하고 부드러운 마음인 마음의 편안함, 마음의 부드러움

등의 심리 현상이 일어난다. 물론 이 이외에 선한 마음 등에서 일어나는 여러 가지 심리 현상도 함께 일어난다.

당신은 부인에게 유익한 마음, 즉 유익한 업을 지은 것이다. 불교에서 업은 의도적 행위를 뜻한다. 그리고 업은 반드시 과보를 가져온다. 가방을 받은 당신의 아내는 당신의 목을 안고는 당신이 최고라고 할 것이고, 사랑스러운 눈빛의 과보를 받을 것이고, 내일 아침이면 맛있는 음식의 느낌이 과보로 나타날 것이다.

남은 4백만 원 중 백만 원은 이번에 입학하는 조카에게 노트북을 사서 대학에서 열심히 공부하라고 보내준다. 그 조카는 삼촌을 볼 때마다 고마워할 것이고, 그 노트북으로 공부를 잘해서 좋은 회사에 들어가서 삼촌을 오랜 기간 기쁘게 할 것이다. 남은 돈 삼백만 원은 망해서 아무도 찾지 않는 친구를 찾아가 적은 돈이지만 도움이 되라고 조건 없이 전해준다. 예고도 없이 그 돈을 받은 친구는 고마운 마음에 다시 용기를 낸다. 그리고 재기하여 당신보다 더 잘되어서 훗날 당신이 어려울 때 수십 배를 돌려줄 것이다. 통장 안의 돈은 숫자이지만, 그 돈이 실재로 바뀌면 이렇게 놀라운 일이 일어난다.

많은 실패 후 막 재기를 시작해서 통장에 여윳돈이 생겼다. 그

때 서울에서 「오페라의 유령」을 공연하였는데, 어려울 때 도움을 준 누님들이 고마워서 매형들과 누님들을 위해 공연장 VIP석을 예매해서 서울로 불렀다. 비싼 공연을 예매했다고 난리를 쳤지만 10년이 지난 지금도 그 공연 이야기를 한다. 공연이 너무 좋았다고. 누군가를 조건 없이 재물로 도와주거나 좋은 말을 해준다면 당신은 한 번의 행위를 하지만 상대방은 여러 번 고마워할 수도 있을 것이다. 이 업과 과보는 전생, 금생, 내생으로 이어진다.

이렇듯 돈은 우리를 행복하게 해주지만, 때로 우리를 파멸과 불행으로 이끌기도 한다. 복권에 당첨돼서 불행하게 된 사람들은 갑자기 돈이 많아져서 불행하게 된 경우이다. 왜 돈이 많아졌는데 불행하게 되는 것일까? 돈이 많아서 불행하게 되는 경우는 두 가지이다. 돈이라는 생각을 움켜쥐고 있는 경우와 돈을 잘못 쓰는 경우이다.

첫째, 돈을 움켜쥐고 있는 경우이다.
인색 과 **탐욕** 과 **집착** 으로 마음이 꽉 차있다. 어린애들이 가지고 있는 장난감이나 과자를 뺏으려고 한다면 애들은 죽을힘을 다해서 그것을 움켜쥐고는 안 뺏기려고 울고불고할 것이다. 이처럼 돈이라는 생각을 움켜쥐고 있다.

탐욕과 집착의 마음은 피를 탁하게 하고 만병의 근원이 된다. 내가 살던 고향의 톨게이트 근처에 주유소가 하나 있었는데, 목이 좋아서 늘 손님이 많았다. 그 주유소 사장이 50대 초반의 나이로 암에 걸려 죽었다. 소문에 의하면 금고에 현금만 100억 이상 쌓아 두고 있었다고 한다. 돈 쓰는 게 아까워서 사람들과 관계도 거의 단절하다시피 살았다는데, 결국 금고의 돈과 통장의 돈만 생각하다가 죽은 셈이다.

　한창 어려울 때 통장 평균 잔액이 15만 원을 넘기지 못할 때가 있었다. 시화공단 원룸촌에 살 때다. 원청의 고의 부도로 공사 대금을 받지 못해 해결될 날을 기다리며 지내던 적이 있었는데, 그때 보증금 50만 원에 월 23만 원 원룸에 살았다. 찾아오는 사람이라고는 '언제쯤 공사비가 나올 것 같으냐'고 묻던 아저씨 한 명이 다였다. 오래된 원룸이다 보니 바퀴벌레는 늘 함께하는 친구 같은 존재였다. 5만 원짜리 중고 자전거를 타고 10km 정도 떨어진 월곶포구에 가서 석양을 보면서 경전을 읽는 게 유일한 낙이었다. 돌이켜보면 그때는 돈이 없었기에 돈에 대한 집착도 없었고, 모든 것을 내려놓은 채 기다리고 있는 시절이라 마음이 가장 평온한 시기였다.

　본질적으로 보면 통장에 잔고가 15만 원밖에 없어도 즐거운 느낌과 괴로운 느낌이 교차했고, 바퀴벌레가 우글거리는 방도 나에게는 큰 행복이었다. 왜냐하면, 거기에 이사 오기 전에는 햇볕이 들어오지 않고, 화장실이 밖에 있는 감옥 같은 고시원에서 살았기 때문이다. 인생에서 가장 행복한 느낌의 순간 중 하나가 고시원을 나와 그 원룸으로 이사 간 날이었다. 방에 바깥을 볼 수 있는 창문이 있고, 화장실이 안에 있다는 것은 더없는 행복이었다.

행복한 느낌은 상대적이다. 이 본질만 알아도 우리는 언제든지 행복할 수 있다. 누구든지 두 끼를 굶거나 하루만 씻지 않고 지내거나 고시원에서 이틀만 생활하다가 나오면 그동안 행복하다고 생각지 않았던 일상들이 행복하게 느껴질 것이다. 물론 이것도 익숙해지면 변해버리겠지만….

후에 새롭게 공사를 계약하고 통장에 돈이 억 단위로 들어오면서 집착이 고통이라는 불교의 가르침을 체득할 수 있었다. 돈의 액수가 아니라 집착하는 그 마음이 고통이다. 돈이 들어오면 인건비, 자재비 등등 나가는 것이 당연한데, 인건비를 보낼 때마다, 통장에 잔액이 줄어들 때마다 고통스러웠다. 그때는 한창 불교 공부를 하고 있을 때라서 집착하는 내 마음을 볼 수 있었다. 돈 보내는 게 너무 아까워서 그날 폐기물업체에 삼천만 원 결재할 것을 내일로 미뤄뒀는데, 그날 밤에 난리가 났다. 밤에 지하철역사

바닥 공사를 하고 폐기물업체가 폐기물을 가져가야 하는데, 그날 내가 돈을 보내주지 않았다고 아무 말 없이 폐기물 차량을 보내지 않은 것이었다. 지하철역사 입구에 산더미처럼 폐기물이 쌓였다. 그날 밤새도록 잠 한숨 못 자고 그 문제를 해결한다고 고통을 받았다. 톡톡히 과보를 받은 것이었다. 탐욕에 사로잡혀 줄 돈을 제때 주지 않은 업에 대한 과보를 받은 것이다. 그날 이후로 돈에 대한 집착이 가져오는 고통을 어느 정도 깨달으면서 집착을 많이 내려놓게 된 것 같다.

돈이 많아서 불행한 것의 본질은
돈이라는 생각에 **집착** 하여 괴로운 **느낌** 을 느끼고 있는 상태다.
이것은 탐욕이라는 해로운 마음의 업을 짓고, 그 과보를 받는 과정이다.

돈이 많아서 불행해지는 둘째 이유는 돈을 잘못 쓰는 경우이다. 본질적으로 보면 우리는 새로운 느낌을 느끼기 위해 소비를 하는데, 갑자기 돈이 많아지면서 더 많은 느낌을 위해 과도한 소비를 한다는 사실이다. 심리 현상 중 '갈애(탐욕)'라는 것이 있는데, 그 특징은 만족을 모른다는 것이다.
새로운 느낌을 느끼기 위해 뭔가를 사고, 입고, 먹고, 마셔보아도 그 갈증은 채워지지 않는다. 새집을 사고, 새 차를 사고, 새로운 이성을 만나고, 맛있는 것을 먹으면 완전히 행복해질 수 있다고 생각했는데, 불행하게도 갈애(탐욕)는 더 목이 마르다. 그래서 더 강한 느낌의 도박, 더 강한 느낌의 중독성 물질인 마약 등을 하다가 이전보다 더 불행하게 되는 것이다.

돈을 잘못 써서 불행한 것의 본질은
새로운 느낌 을 탐해서 그 탐욕 이 집착 으로 강화되면서 늘 그 집착의 과보를 받는 상태이다.

돈은 생각일 뿐이다. 우리가 돈이라는 매개체로 몸과 마음으로 행위를 할 때 돈은 실재가 된다. 당신의 돈은 어디에 있는가? 통장 안에 있는가, 아니면 당신의 상상 속에 있는가? 아니면 친구에게 조건 없이 따뜻한 밥을 사고 있는 실재의 행위로 존재하고 있는가?

"재물은 분뇨와 같아서
한곳에 쌓아두면 악취가 나지만
골고루 사방에 뿌리면 거름이 된다."

−독일 속담−

완벽한 노후 대책

    미래가 불안해서 노후 대책이라는 것을 준비한다. 완벽하게 노후를 준비하려면 완벽하게 나의 미래를 알아야 한다는 뜻이다. 언제 죽고, 언제 아프며, 언제 요양원에 들어갈 것인지 등, 이것만 알면 완벽하게 노후가 준비된다는 뜻이다. 과연 그럴 수 있을까? 정확히 계산해서 노후 대책 자금으로 현금 20억을 준비했는데, 아들이 사업이 망해서 돈을 갚지 않으면 교도소에 가게 생겼다고 울며불며 도와달라고 한다. 계획했던 노후 자금이 아들의 사업 자금으로 들어간다. 한 치 앞을 못 내다보는 것이 우리의 삶이다. 보험의 해약률이 70%가 넘는다는 것은 삶이 계획대로 되지 않는다는 것을 방증한다.

    우리 회사 자재 창고에 70대 중반의 노인이 '라보'라는 작은 트럭을 가지고 물건을 자주 실으러 온다. 우연히 그분과 잠시 대화를 나눴는데, 자기는 노후 준비를 하다가 망했다고 한다. 몇 년 전에 10억짜리 상가를 분양받았는데, 월세는커녕 세입자가 없어서 빈 점포 관리비까지 내는 형편이란다. 은행 이자와 빈 점포 관리비 때문에 어쩔 수 없이 5백만 원을 주고 라보를 사서 조그마한

화물을 나르고 있다고 했다. 처음에는 화도 많이 났었는데, 이제는 이 일을 하는 게 등산 다니는 것보다 낫다고 하시면서 웃으신다. 이 10억짜리 상가를 가진, 라보를 운전하는 노인은 행복한 분인가, 불행한 분인가?

결론은 그 순간에 달려있다.

10억짜리 상가에 집착해서 그 상가를 판 사람들에게 원망하면서 화 성냄를 내고 괴로운 느낌을 느끼며 살고 있다면 불행한 것이고, 하루하루 작은 차를 운전할 수 있는 건강함에 감사하며 탐욕 없음과 성냄 없음으로 살아간다면 행복을 느낄 수 있을 것이다.

내일은 오지 않는다. 내일이 되면 또 오늘이라고 말할 것이다. 본질적으로 본다면 노후라는 말 역시 생각이며, 우리는 지금 이 순간만 존재할 뿐이다. 노후라는 말을 당신은 정의할 수 있겠는가? 언제부터가 노후인가? 정년퇴임 후가 노후인가? 아니면 70살부터, 아니면 요양원에 들어가면서부터, 아니면 잘 걷지 못할 때부터?

아버지를 일찍 여읜 우리 가족은 어머니 혼자서 4남매를 키우셨다. 어머니는 혼자 몸으로 자식을 키우면서 늘 힘들어하셨고, 당신은 60세를 넘기기 전에 죽을 것이라고 늘 이야기를 하셨다. 어린 나는 어머니가 환갑 전에 돌아가신다는 것을 기정사실화하고 살았다. 모든 것을 빨리해야 했다. 누님들은 결혼을 일찍 하셨고, 나 역시도 거기에 영향을 받지 않을 수 없었다. 어머니 돌아가시기 전에 빨리 돈을 벌어야 한다는 생각이 나를 지배했고, 그래서 모든 것을 빨리해야만 했다. 나는 대학 3년 때 결혼을 했다. 여러 가지 이유가 있었지만, 어머니가 60세를 넘기지 못한다는 것이 주된 이유였다.

지금 노모는 87세인데, 아직 나름대로 정정하시고 건강하게 요양원에 계신다. 어머니가 일찍 돌아가신다는 믿음은 우리 가족의 인생에 지대한 영향을 미쳤다. 누님들은 젊음을 만끽하기도 전에 원치 않은 결혼을 했다. 결과는 좋지 않았다. 오지도 않은, 알 수도 없는 미래를 신앙처럼 믿고 산 결과들이었다.

불교를 알게 된 후 가장 달라진 점은 미래를 걱정하지 않는다는 사실이다. 불교는 원인과 결과, 업과 과보를 이야기한다. 현재의 원인이 미래의 결과를 만들어내고, 현재 일어나고 있는 일들, 그것이 행복이든 불행이든 그 원인의 씨앗을 뿌린 것은 나라는 것이다. 이 본질을 따르면 미래를 걱정할 필요가 없다. 시험 걱정하는 순간에 걱정하지 말고 공부를 하고 있으면 시험을 잘 칠 수 있을 것이다. 불행한 일을 겪고 있다면 당신은 불행한 일을 겪을 만한 원인을 제공했을 것이다. 아파트를 주거가 아닌 투기의 대상으로 샀다면 그 시세에 대한 걱정들은 당신이 탐욕이라는 원인을 제공했기에 결과가 걱정으로 나타나는 것이다.

즉 탐욕 을 원인으로 한 업을 짓고,
거기에 늘 걱정이라는 생각의 짐을 지고
괴로운 느낌 의 과보를 받고 있는 것이다.

아파트를 투기가 아닌 주거 목적으로 샀다면 당신은 시세 등락이라는 걱정을 하지 않을 것이다.

당신은 살아가면서 미래에 많은 일과 부딪힐 것이다. 그러나 그 일어나는 일들은 당신의 행한 전생과 금생의 업의 결과물인 것이다. 좋은 원인을 많이 쌓았다면 좋은 일이 많이 생길 것이고, 좋지 않은 일을 많이 했다면 당신은 하는 것마다 되는 게 없을 것이다. 당신에게 불행한 일이 생긴다면 자업자득이고 업보이다. 그러나 그것을 원망하거나 후회하지 않고 새롭게 유익한 원인 또는 유익한 업을 쌓으면 당신에게 그에 맞는 결과가 돌아올 것이다. 예를 들어 통장에 돈 1억 원을 쌓아두지 말고 일정 부분 주위 사람들을 도와주고 기쁘게 하는 유익한 원인과 유익한 업을 자주 많이 짓는다면 당신의 노후는 걱정할 필요가 없을 것이다. 통장의 돈은 숫자로 존재하지만, 당신이 행한 유익한 행위들은 세세생생 원인으로 작용할 것이고, 좋은 원인은 한 번이지만, 결과는 수천 번 나타날 수 있다. 만약 맛있는 김치를 누군가에게 한 통을 한 번 주었다면 그 사람은 먹을 때마다 여러 번 당신을 고맙게 생각하게 된다.

완벽한 노후 대책의 본질은 지금 이 순간 나를 기쁘게 하고 주위의 사람들을 기쁘게 하는- 그것이 돈이든 미소든 말이든 상관없다. - 그런 행위와 업을 많이 쌓아나가는 것, 좋은 씨앗을 많이 뿌리는 것이다. 그 씨앗은 당신의 노후를 풍요롭게 할 것이다.

경전을 인용한다.

2. 한 곁에 선 그 천신은 세존의 면전에서 게송으로 여쭈었다.
"저들은 숲속에 거주하고, 평화롭고, 청정범행을 닦고, 하루에 한 끼만 먹는데도 왜 안색이 맑습니까?"

3. [세존]
"지나간 것에 슬퍼하지 말고, 오지 않은 것을 동경하지 않으며, 현재에 얻은 것으로만 삶을 영위하나니 그들의 안색은 그래서 맑도다

아직 오지 않는 것을 동경하는 자, 이미 지나간 것을 두고 슬퍼
하는 자, 어리석은 그들은 시들어 가나니 푸른 갈대 잘려서 시
들어 가듯"

– 「숲 경」(S1:10)

자식! 짐인가 기쁨인가?

    살면서 자식만큼 우리에게 기쁨을 주고 고통을 주는 대상이 또 있을까? 자식이 무엇이기에 이렇듯 우리에게 기쁨과 고통을 주는 것일까? 논에 물들어가는 것과 자식 입에 밥 들어가는 것은 보기만 해도 내 배가 부른 것처럼 행복하다는 말이 있다. 이 말은 자식을 내 것이라는 것을 넘어서 나와 동일시할 정도로 집착한다는 뜻이다.

    우리는 '나'라는 존재에게 집착하면서 살고 있다. 우리는 이 '나'라는 것을 아침마다 씻기고, 배고프다고 하면 맛있는 것 찾아다니면서 먹이고, 더울까 봐 에어컨 틀어주고, 추울까 봐 두꺼운 옷을 입히면서 애지중지하며 살아왔다. 그렇게 살아온 삶의 무게는 가볍지만은 않았을 것이다. 이 삶의 무게에 자식의 무게까지 더해진다. 어릴 때 키우는 것이야 부모로서 책임과 의무이지만— 물론 이 과정 역시 만만치 않다. — 성인이 된 자식의 인생마저 책임지려고 한다. 나의 인생의 짐도 모자라 자식의 인생의 짐까지 지려고 한다. 이것이 우리가 자식을 통해 고통받는 이유이다.

"품 안에 자식"이라는 말의 의미를 알 것이다. 품 안에 있을 때나 내 마음대로 할 수 있지, 품 안을 떠나면 내 마음대로 할 수 없다. 그런데 우리는 내 마음대로 된다고 생각해서 품 안을 떠났는데도 집착하고 있다. 남자는 커서 군대에 가면 국가의 자식이다. 그리고 연애를 하면 여자 친구의 것이고, 결혼하면 당신 자식이 아니라 며느리의 남편이다. 품 안을 떠나는 순간, 생각으로만 내 자식이지 실제로는 남의 것이다.

  때가 되면 새끼들은 어미를 떠나 홀로 생존해나간다. 이것이 자연의 이치다. 유독 인간에게만 '캥거루족'이라는 이상한 말이 있다. 다 큰 캥거루가 다시 어미의 주머니에 들어간다고 생각한다면 얼마나 부자연스러운가? 어떤 부모는 자식이 어릴 때부터 부모의 재산을 물려주겠다고 이야기하는 경우도 있다. 캥거루 주머니를 통째로 넘겨준다는 말이다. 이런 부모는 세 가지 죽음의 위험에 노출될 수 있다.

  재산을 다 물려줄 경우: 굶어 죽을 위험
  재산을 반만 물려줄 경우: 시달려 죽을 위험
  재산을 주지 않을 경우: 맞아 죽을 위험/살해될 위험

  당신이 자식보다 더 오래 더 건강한 상태로 살 수 있다면 자식을 캥거루처럼 주머니에 넣고 살아가도 된다. 그렇지 않으면 지금 집 안이라는 캥거루 주머니에서 자식을 꺼내서 독립을 시켜야 한다.

대부분 부모는 다 자식들 걱정돼서, 다 잘되라고 하는 일들인데 무엇이 문제 될 것이 있느냐고 물을 것이다. 자식 걱정이라지만 본질은 그렇지 않다. 다 부모 마음 편하라고 하는 일이다. 내 자식이 내가 시키는 대로 공부해서 좋은 대학을 가면 행복할 것이다. 아니면 스포츠나 예술 같은 특기를 가지고 사회에 나가면 더 행복할 것이라는 바람, 그 당신의 바람 때문에 당신의 사랑하는 자식들이 고통을 받는 것이다. 당신의 삶과 자식의 삶은 엄연히 다르다.

아는 누님의 큰딸은 대학에서 건축학을 전공했다. 그 누님의 강력한 권유로 대학 3년 때부터 건축공무원 시험을 준비했고, 졸업 후에도 노량진에서 1년간 공부를 한 끝에 토목직 관련 공무원시험에 합격했다. 그 가족들은 너무나 기뻐했고, 나도 축하해준 기억이 난다. 이제 좋은 신랑 만나 행복하게 살 것이라는 막연한 기대감으로 그 가족들은 들떠있었다. 그러나 그 사건이 불행의 원인이 될 줄은 아무도 몰랐다. 그 누님의 딸은 공무원 조직 생활을 힘들어했고, 결국 1년을 채우지 못하고 그만두었다. 그 누님과 누님 남편은 자식의 의지력이 서로의 책임이라고 다투다가 결국 이혼이라는 결과를 맞이하게 되었다. 그 딸이 공무원 시험을 보지 않았더라면 어떻게 되었을까?

내 자식의 삶이 이러하면 행복할 것이라고 믿는다면 당신은 당신 삶의 대리 만족을 자식을 통해 느끼려 하는 것이고, 당신의 시행착오를 자식을 통해 복구해보려고 하는 것뿐이다. 당신 자식의 인생을 내 인생으로 착각한 무지 때문에 자식의 기쁨과 고통을 나의 기쁨과 고통인 것처럼 집착하고 스스로 짐을 지는 것이다. 두 배로 말이다. 이것이 우리가 자식 때문에 받는 고통이 크게 느껴지는 이유이다.

자식을 어떻게 봐야 자식이라는 집착의 짐을 내려놓을 수 있을까? 결론적으로 말해서 '나의 인생과 자식의 인생은 다르다.'이다. 부부간에도 서로 다름을 이해해야 가정이 조용하듯이 부모와 자식 역시 다름을 인정해야 한다. 본질적으로 본다면 '나의 업과 자식의 업은 다르다.'이다.

불교적으로 본다면 우리는 업의 산물이다. 업은 '의도적 행위'라고 정의할 수 있다. '업보다 자업자득이다.' 하는 말은 행위를 하면 결과를 받는 뜻이다. 그리고 업은 전생과 금생과 내생으로 흐르면서 반드시 과보를 낳게 한다.

같은 부모 밑에서 건강한 아이도 태어나고 장애가 있는 아이도 태어난다. 당신이 부모라면 건강한 자식만을 원했을 것이다. 그런데 결과는 당신의 기대와 다르다. 이유는 자식들 각자 자신의 업을 가지고 태어나기 때문이다. 부모라는 물질적 몸을 빌려서 자식은 태어나지만, 각자의 정신적 에너지라 할 수 있는 업은 다르게 가지고 태어난다.

이 업의 다름을 이해해야 한다. 축구를 전혀 하지 못하는 부모 밑에서 축구 신동이 태어났다면 자식은 전생에 축구 선수였을 것이다. 그 자식이 쌓은 전생의 업은 축구가 지배적이었을 것이다. 그 업의 힘이 일찍 발현되었기에 그 자식은 축구 신동이라는 말을 듣는 것이다. 당신이 축구를 싫어해도 그 아들은 축구를 하면서 인생을 살아갈 것이다. 이것이 업의 다름이다.

모차르트 역시 음악 신동이었다. 어른보다 매운 것을 더 잘 먹는 아기, 산낙지를 즐겨 먹는 아기 등 다 전생의 업에 영향을 받은 것이다. 이런 자식들의 식습관을 바꾸려고 한다면 어떻게 되겠는가? 당신이 고기를 좋아하는데 부모님이 채소류만 먹는다면 그런 부모와 살 수 있겠는가? 이렇듯 부모의 몸을 빌려서 태어났지만, 각자의 업으로 인해 부모의 인생과는 다른 인생을 산다는 것이다. 각자의 업으로 인해 내가 나의 부모님들과 다른 인생을 살아가듯이 당신의 자식 역시 자기의 업으로 인해 그의 인생을 살아가게 될 것이다. 이것을 이해하게 되면 자식을 내려놓게 된다.

자식의 본질은 단지 부모라는 몸만 빌렸을 뿐 자신의 업대로 살아가는, 남과 같은 존재이다. 남의 인생에 개입하면 불행해진다. 그렇듯이 자식의 인생에 개입하면 서로가 불행해진다.

자식은 집착하면 짐이요,
단지 바라보면 기쁨이다.

경전을 인용한다.

2. 한 곁에 선 그 천신은 세존의 면전에서 이 게송을 읊었다.

"아들을 가진 자는 아들 때문에 기뻐하고 소치는 목자는 소 떼 때문에 기뻐하네. 재생의 근거(소유물)는 인간의 기쁨이니 재생의 근거(소유물) 없는 자 기뻐할 것도 없습니다."

3. [세존]
"아들을 가진 자는 아들 때문에 슬퍼하고 소치는 목자는 소

떼 때문에 슬퍼하네. 재생의 근거(소유물)는 인간의 슬픔이니
재생의 근거(소유물) 없는 자 슬퍼할 것 없도다."

— 「기뻐함 경」(S1:12)

영업 잘하는 방법

우리의 심리 현상 중 대표적인 것은 느낌 과 인식 이다. 느낌은 대상의 맛을 느끼는 것이 고유 성질이고, 인식은 대상을 기억하고 표시하고 이름 붙이는 개념 작용 등을 하는 것이 고유 성질이다. 키위를 처음 봤다면 어떻게 먹어야 할지 모를 것이다. 한 번도 키위를 본 적이 없어서 인식 작용이 일어나지 않기 때문이다. 옆 사람이 키위를 먹는 것을 본다면 보는 순간 인식은 그 상황을 기억하고 표시해서 당신이 다음에 키위를 먹을 때 키위라는 것을 알게 하고, 먹는 방법을 끄집어낼 것이다.

우리가 어렸을 때부터 언어를 배우고 글자를 배우는 등은 모두 인식 작용이다. 우리가 길을 찾아가는 것 역시 인식 작용이다. 길을 찾아갈 때 인식 작용은 옛날에 갔던 길과 비교하면서 그 길을 계속 알게 하는 역할을 한다.

길을 지나치는 경우는 대상이 바뀌는 경우이다. 갑자기 전화가 왔다든가 잠시 다른 생각을 했다면 길을 지나쳐버릴 수 있다. 마음은 한 찰나에 한 대상만을 인지한다. 마음이 가던 길을 비교하면서 가고 있는데, 대상이 전화나 다른 생각으로 가버리는 순간 우리는 앞에 갔던 길이라는 대상을 놓치는 것이다. 이것이 길을 지나쳐버리는 경우이다. 오랜만에 아는 사람을 만났는데 "어~ 어~?" 하면서 상대방의 이름과 모습을 금방 기억하지 못하는 것은 인식 작용의 시간이 오래 걸렸다는 뜻이다. 즉 자주 봐야 인식 작용이 금방 일어난다.

인식 작용의 고유 성질을 영업에 적용해 보면 이렇다. '견물생심'이라는 말이 있다. 물건을 봐야 마음이 일어난다는 뜻이다. 자주 인식하게 해야 마음이 일어난다는 뜻이다. 이것이 사실상의 광고이다.

나는 회사를 운영하면서 영업과 광고에 가장 많은 공을 기울이고 있다. 비결이 있다면 우리의 영업팀들은 다른 회사보다 더 자주 찾아간다는 것이다. 새로운 제품이 나오면 먼저 문자나 사진을 보내고, DM을 보내고, 그다음 샘플을 보낸다. 그리고 다시 전화한다. 계속 인식하게끔 영업을 한다. 누구나 하는 영업 방법인 것 같지만, 우리의 심리 현상 중에 인식이라는 역할의 본질을 안다면 이 영업 행위에 대한 확신을 가질 것이다.

우리는 대상을 만나면 그게 사람이든 사물이든 상관없이 느낌과 인식 이 일어난다. 당신은 상대방에게 좋은 느낌을 주기 위해 미소를 지을 수 있고, 강한 인식을 남기기 위해 옷차림을 전략적으로 사용할 수 있다. 인식을 자주 일어나게 하면 그것이 원인이 되어서 보험이든 제품이든 판매라는 결과가 일어나는 것이다. 이것이 영업을 잘하는 비결이다.

자본주의에서 개인과 회사가 성공하는 법

우리가 사는 세상을 욕망이 지배하는 세상, 즉 욕계 세상이라고 한다. 욕계 세상에서 성공하려면 욕망의 본질을 잘 이해하고 그것을 잘 이용하면 된다. 우리는 행복을 추구하며 살고 있지만, 우리 삶의 근간은 이익과 손실, 느낌의 선택이라고 이야기했다. 결국, 느낌과 이익을 어떻게 주느냐가 자본주의 관건이다.

우선 개인의 이야기부터 해보자. 당신이 회사에서 밀려난다면 더 이상 회사에 이익을 줄 수 없는 사람이라는 것이다. 우리는 태어나면서부터 남에게 이익을 주는 사람이 되기 위해서 노력을 해왔다. 대학에 다니면서 외국어를 배우고, 남들보다 더 많은 스펙을 쌓으면서 자기가 들어가고자 하는 회사에 이익이 되는 사람이 되기 위해서 불철주야 노력을 해온 것이다. 그래서 그러한 행위, 즉 노력의 결과로 당신은 나름 괜찮은 회사에 취직되었다. 이제부터는 회사 동료들에게 즐거운 느낌을 주는 사람으로 보여야 한다. 인사를 먼저 하거나 늘 밝은 표정으로 회사 동료들을 대한다면 당신은 회사에 이익이 되는 사람이고, 동료들에게는 즐거운 느낌을 주는 사람이 되어 직장 생활이 행복할 것이다.

어떤 사람은 기술을 배운다. 그는 미용에 관심이 많은 사람이다. 미용 역시 고객에게 즐거운 느낌을 주는 행위이기에 더 좋은 느낌을 주기 위해 파마를 하거나 염색을 하기도 하는 행위를 한다. 미용은 처음부터 잘할 수 없기에 기술을 배워야 한다. 기술 습득에는 시간이 걸리므로 그 시간 동안 잘 배우고, 나름대로 남과는 다른 느낌을 주기 위해 노력한다면 훗날 당신은 이런 이야기를 들을 수 있을 것이다. "저 미장원 머리 잘한다." 그러면 다른 집보다 더 많은 손님이 오고, 당신은 경제적으로 더 많은 이익을 누릴 수 있다. 이것은 당신이 남들보다 더 좋은 느낌을 주는 데 성공했다는 말이다.

음식도 마찬가지이다. 입안의 즐거운 느낌을 더 갖도록 하기 위해 늘 개발해야 하고, 많은 사람이 그 느낌을 즐겨 하면 그 맛을 유지하도록 노력해야 한다. 원자재 값이 올랐다고 해서 함량을 줄여서도, 바꿔서도 안 된다. 함량을 줄이거나 바꾸면 혀 안의 느낌이 변하기 때문이다. 대부분 음식점이 실패하는 이유는 처음 맛과 달라졌다고 하기 때문이다. 끊임없이 고객에게 즐거운 느낌과 새로운 느낌을 제공하면 당신의 가게는 더 잘될 것이고, 당신이 셰프라면 고객과 회사에 인정을 받는 사람이 될 것이다.

회사는 고객의 욕망과 직원의 욕망 모두를 다 만족시켜야 한다.

그래서 회사를 운영하기는 쉽지 않은 일이다. 그것은 마치 결혼할 때 친정 식구와 시댁 식구를 다 만족시켜야 하는 것과 같기 때문이다. 우선 고객의 욕망을 어떻게 만족시킬 것인가? 회사를 운영하면서 이런 이야기를 많이 들었을 것이다.

"변하지 않으면 살아남지 못한다." 왜 변하지 않으면 살아남지 못하는 걸까? 모든 삼라만상이 변하고 있기 때문이다. 지금 이 순간에도 당신의 몸과 마음이 변하고 있고, 우리 모두 역시 몸과 마음이 변하기 때문이다.

특히 느낌의 변화는 자본주의 핵심이다. 유행이 변한다는 말은 같은 느낌을 싫증 낸다는 뜻이다. 같은 청바지가 나팔바지가 되었다가, 다시 통이 좁아졌다가 밑단이 바닥에 끌리는 청바지로 바뀌는 이유가 무엇이겠는가? 그것은 바로 고객들은 끊임없이 새로운 느낌을 원한다는 뜻이다.

이것의 본질은 이렇다.

사람들은 새로운 느낌 을 즐거워하고,

그 느낌 에 대해 갈애 , 즉 탐욕을 일으킨다.

그리고 그 탐욕 이 강해지면 집착 으로 이어지고 구매라는 행위로 나아간다.

이 원리를 가장 잘 적용하고 있는 곳이 홈쇼핑이다. 느낌을 자극하고 1+1 혹은 '오늘만 이 가격'이라고 해서 이익을 주는 것처럼 보이게 한다. 느낌과 이익, 그것이 홈쇼핑의 본질이다.

이 원리를 사업에 적용한다면 우선 남들보다 더 빠르게 새로운 느낌의 제품을 개발해야 한다. 그러기 위해서 더 빨리 의사 결정을 해야 한다. 보통 기업이 3억짜리 프로젝트를 기획해서 실제 자금을 집행하는 데 걸리는 시간은 3개월이라고 한다. 당신의 회사가 오전에 결정해서 오후에 자금을 집행한다면 경쟁사보다 3개월 더 빨리 고객들에게 새로운 느낌을 줄 수 있다. 그리고 거기에다가 자본주의 선택 기준인 이익과 손실도 넣어야 한다. 제품의 가격이 고객들에게 이익이라는 느낌이 들 수 있도록 파격적이어야 한다. 어설픈 이익을 고객에게 주면 고객은 감동하지 않는다. 새로운 느낌과 고객의 이익이라는 욕망의 본질에 충실하다면 당신의 회사는 욕망이 지배하는 자본주의에서도 살아남을 수 있을 것이다.

두 번째, 직원들의 욕망은 어떻게 만족시킬 것인가? 제일 핵심은 직원들에게 많은 이익을 주는 것이다. 월급을 많이 주고 일을 적게 시키면 직원의 입장에서 가장 큰 이익이다. 그리고 회사에서 여행을 보내준다든가 직원 가족의 생일에 선물을 주는 이벤트,

즉 즐겁고 새로운 느낌을 주는 것이다. 그러면 직원들은 행복할 것이다. 행복한 직원들은 창의력과 집중도가 높아진다. 그리고 이직률 역시 낮아진다. 직원들에게 이익과 즐거움을 먼저 주면 회사는 그보다 훨씬 더 많은 보상을 받을 것이다.

먼저 새롭고 즐거운 느낌을 주고 더 많은 이익을 상대방에 준다면 그에 따른 보상은 훨씬 더 크게 돌아온다는 것을 나는 사업과 인생을 통해 확인했다. 이것은 불교에서는 말하는 원인과 결과, 즉 좋은 결과를 내기 위해서는 좋은 원인을 만들고, 업과 과보, 즉 상대방을 이롭게 하는 유익한 업을 지으면 반드시 유익한 과보를 가져온다는 불교의 가르침을 믿고 따르는 것이다.

창업 5년 만에 매출 200억, 고시원에서 고급 아파트로 삶의 터전이 바뀐 것, 그것이 불교의 가르침을 따른 결과이다.

니코틴과 알코올의 노예들

나는 중3 때부터 담배를 피웠다. 몇 번 금연을 시도했지만 성공하지 못했다.

담배를 7년 동안 끊었던 친구가 아내랑 싸웠다면서 다시 담배를 피우는 것을 보면서 친구 아버님 말씀이 생각났다. "30년 피우지 않아야 담배를 끊었다고 이야기할 수 있다." 즉 죽어야 끊는다는 것이다. 이렇듯 니코틴의 느낌은 우리를 노예에서 쉽게 벗어나지 못하게 하는 강한 중독성이 있다. 알코올 역시 마찬가지이다.

금연하기 전 이야기다.

해외 출장을 갔다가 장시간 흡연을 하지 못한 상태에서 비행기에서 내렸다. 내 마음은 오로지 담배를 피우기 위해서 바깥에 있는 흡연 장소만 찾고 있었다. 캐리어를 급하게 끌고 가면서 두리번거리는 내 모습은 영락없이 느낌과 갈애에 끌려다니는 노예였다. 물론 불교를 만나기 전에는 한 번도 그 상태를 자각하지 못해서 단지 피우고 싶다는 그 욕망에 순응할 뿐이었는데, 객관적 입장 혹은 본질적인 측면에서 보기 시작하면서 보니 그 모습은 영락없이 끌려다니는 모습이었다. 식당이나 술집 밖에서 담배를 피우고 있는 사람들을 보라. 그 담배 한 모금의 느낌을 위해 바깥에 서있는 사람들이 측은하지 아니한가.

알코올도 마찬가지이다. 술을 좋아하는 사람들은 어떻게든 저녁에 술 먹을 핑계거리를 만들어낸다. 부하 직원들에게 팀워크를 핑계로 회식 자리를 만들든지, 아니면 거래처 사람을 불러내든지, 심지어 친구에게 전화해서 이렇게 이야기한다.

"친구야, 오늘 내가 술 한잔 살 테니 만나자!" 이 만남은 친구를 위한 것이 아니다. 단지 자신이 술을 먹기 위해서 친구를 불러내는 것이다.

나도 한때 바이어 접대 명목으로 고급 술집에 자주 갔다. 돌이켜보면 그 술집을 바이어가 좋아했던 것이 아니라 내가 더 좋아했던 것이다. 대외적으로는 비즈니스 명목으로 알코올과 유흥의 노예가 되어 있었던 것이다.

결과는 당연히 사업 실패였다.

니코틴과 알코올은 중독성이 강하다. 그것을 하지 않으면 삶의 의미를 잃어버릴 정도로 우리 생활에 깊이 들어와 있다.

치맥을 먹지 않고 무슨 재미로 살 수 있을까?

맥주를 한 잔 정도만 마신다면 우리는 별로 알코올의 영향을 받지 않을 것이다.

그러나 문제는 탐욕과 갈애는 만족을 모른다는 사실이다. 한 잔이 두 잔이 되고, 1차가 2차로 이어진다. 전형적인 노예들의 모습이다. 노래방에서 즐거움은 온데간데없고 아침에는 후회가 밀려온다. 탐욕과 갈애는 우리의 몸이 죽어나가도 상관하지 않는다. 오로지 더, 더, 더! 그것만 추구할 뿐이다.

우리가 멈추는 법을 배우지 못한다면 평생 노예로 살아갈 것이다. 그리고 술과 흡연의 해로움이 원인이 되고 조건이 되어 병이 찾아오거나 삶에서 재물이 줄어들거나 하는 결과가 우리에게 찾아올 것이다.

흡연과 음주의 본질은 담배의 첫 모금, 맥주 첫 모금의 **느낌** 을 조건으로 한 **탐욕** 과 그리고 탐욕이 더 강화되어서 나타나는 **집착** 이라는 결과들이다.

경전을 인용한다.

"비구들이여, 세 가지에 탐닉하는 것은 물림이 없다. 무엇이 셋인가?

비구들이여, 잠에 탐닉하는 것은 물림이 없다.

비구들이여, 곡주와 과일주를 마심에 탐닉하는 것은 물림이 없다.

비구들이여, 성행위에 탐닉하는 것은 물림이 없다.

비구들이여, 이러한 세 가지에 탐닉하는 것은 물림이 없다."

–「물림 없음 경」(A3:104)

여행을 떠나요

마음에 들지 않는 시어머니가 있으면 유럽 여행을 보내드리라는 말이 있다.

여행은 즐거운 것인가, 괴로운 것인가?

결론부터 말하자면, 즐겁기도 하고 괴롭기도 하다.

문제는 뭔가 새로운 걸 보면서 즐거운 느낌을 느끼려면 그 즐거운 느낌을 느끼는 시간보다 훨씬 더 많은 긴 시간을 괴롭게 보내야 한다는 사실이다. 여행지가 멀면 멀수록, 사진 찍는 장소가 많으면 많을수록 괴로운 느낌은 더 많아진다. 그리 넓지 않고 잠이 잘 오지 않는 이코노미석에서의 장거리 비행, 시차 적응, 새벽같이 일어나 이동해야 하는 괴로움 등등.

우리는 무엇 때문에 이 불편함을 선택하는 것인가?

그것은 바로 뭔가 새로운 느낌을 느끼기 위해서이다.

후에 깊이 공부하겠지만, 마음은 끊임없이 대상을 찾아 헤매는 것이 본성이다. 대상을 찾는 마음과 즐거운 느낌을 탐하는 갈애, 그리고 갈애의 강화로 나타나는 집착으로 인해 우리는 여행지에 와있는 것이다.

그러나 여행지에서도 별반 달라지는 것은 없다. 거기서도 새로운 느낌의 음식을 탐하고, 새로운 볼거리의 즐거운 느낌에 이끌려 사진을 찍곤 한다. 거기가 유럽이든 강원도의 어느 산골이든 본질은 달라지지 않는다. 느낌과 갈애의 일어남이다. 그리고 그 짧은 순간의 느낌은 곧 사라지고 없어진다.

이집트에 출장을 간 적이 있다. 인천공항에서 출발해 9시간 30분 동안 날아서 아부다비공항에 도착했다. 그곳에서 장시간 대기 후 카이로까지 3시간 30분 정도를 또 이동했다. 비행시간만 13시간이었다. 한 무리의 관광객들이 피라미드 관광을 간다고 뒷좌석에 앉아들 있었다. 피라미드가 어떤 즐거움을 주기에 저 좁은 좌석에서 긴 시간을 참아가며 여행을 떠나는 것일까?

본질적으로 본다면 우리가 추구하고 있다는 행복은 조건을 부여해야 한다.

케이크를 먹어서 달콤하고 즐거운 느낌을 느끼려면 케이크라는 조건이 필요하다. 여행을 간다는 것은 새로운 장소나 새로운 음식을 경험한다는 것이다.

즉 새로움이라는 조건을 부여하면 행복해질 거라는 믿음 때문에 저 멀고도 불편한 장거리 여행을 떠나는 것이다.

여행의 본질 역시 새로운 장소나 안 먹어본 음식의 느낌을 느끼려는 탐욕이다.

만약 당신이 행복하기 위해서 매번 조건을 부여해야 한다면, 비행기를 13시간이나 타고 가서 새로운 것을 보고, 매번 맛집 앞에 긴 줄을 서서 그 찰나 같은 순간의 느낌을 부여해야만 행복이라면 그게 과연 행복인가 괴로움일까?

불교의 가르침은 매번 조건을 부여해야만 하는 우리의 삶을 괴로움(苦)이라고 정의한다. 이 괴로움을 서양에서는 고통(suffering, pain)이나 불만족(displeasure)으로 번역한다. 우리의 삶이 만족스러운 것이라면 조건이 없이도 행복해야 한다. 그러나 현실은 그렇지 않다. 그래서 괴로움이고 불만족이다.

이집트에서 한국으로 오는 카이로공항에서 피라미드 관광을 마친 관광객들 사이에서 이런 소리가 흘러나왔다. "야, 다음에는 어디에 갈래?"
탐욕과 갈애는 만족을 모른다.

20대의 연애와 50, 60대의 연애는 같다

: 느낌은 늙지 않는다

새롭다는 것은 늘 마음을 설레게 한다.

새로운 음식을 먹어보는 것도 그렇고, 새 옷, 새로운 여행지도 그렇다.

차를 새로 바꾼다는 것은 더 설레는 일이다.

당신이 지금 연애 중이라면, 특히 사람이 바뀐 지 얼마 되지 않았다면 새로운 대상에게 아직도 많은 설렘을 느낄 것이다. '설렌다'는 것은 무엇인가?

그것은 바로 새로운 느낌을 즐기고 있다는 의미이다.

이것을 남녀 관계로 본다면 '연애한다'고 표현할 수 있을 것이다.

연애한다는 것은 누군가를 좋아한다는 뜻이다.

누군가를 좋아한다.

반려동물을 좋아한다.

새로 산 옷을 좋아한다.

새로 산 차를 좋아한다.

케이크를 좋아한다.

본질적으로 보면 다 같은 말이다. 즉 느낌 에 대해서 을 느끼고 있다는 의미다. 20대가 새 차를 사서 즐거운 마음은 50~60대가 새 차를 사서 즐거운 마음과 같은 것이다. 즉 달콤한 케이크를 좋아하는 데 나이 구분이 필요 없듯이 연애의 달콤함을 즐기는 것에 나이는 상관없다는 것이다.

느낌 은 매 순간 새로운 것을 원하고 있다. 그것이 음식이든, 담배든, 술이든, 이성이든. 그리고 그것을 느끼는 느낌 은 매 순간 다른 느낌이다.

그 매 순간 같지 않은 느낌 때문에 우리 몸은 늙어가도 마음은 늘 새롭게 일어난다. 그래서 마음은 20대라는 말이 나오는 것이다.

연애는 달콤하다. 그러나 본질적으로는 느낌 과 탐욕 과 집착 이라는 마음의 흐름일 뿐이다.

그리고 이 마음의 흐름이라는 것은 매 순간 새롭기 때문에 나이와는 상관없이 대상에 따라 일어날 뿐이다.

지금 이 순간에도 젊은 사람이든, 늙은 사람이든 매 순간 대상에 따라 느낌이 일어나고 있다. 만약 그 대상이 새롭게 만나는 사람이라면 느낌이 더욱더 강렬할 것이다. 이런 이유로 본질적으로는 20대의 연애와 50, 60대의 연애가 같을 수밖에 없다. 느낌 역시 늙음이라는 것은 없는 것이다.

이것이 연애의 본질이다.

에베레스트 산 등정

등산가들이 히말라야 등반 중 죽었다는 소식을 심심찮게 들을 수 있다.

위험을, 심지어 목숨을 잃을 수 있는 위험까지 무릅쓰고 산을 오르는 이유는 무엇인가?

해발 800여 m의 북한산 정상도 오르고 나면 기분이 상쾌해진다. 즉 즐거운 느낌이 일어났다는 뜻이다. 산이 높든 낮든 땀 흘리면서 올라가서 정상에 서면 기분이 좋다. 산이 높다는 뜻은 오르는 고통이 더 심하다는 뜻이다. 고통이 심하다는 뜻은 괴로운 느낌이 강하다는 뜻이고, 그 괴로움이 즐거움으로 바뀐다면 느낌은 훨씬 더 강렬하게 느껴질 것이다.

러시안룰렛이라는, 목숨을 걸고 하는 게임이 있다.

총알 여섯 발이 들어가는 회전식 탄창에 총알을 1발만 넣고 탄창을 돌린다. 그리고 머리에 대고 방아쇠를 당긴다. 6분의 1 확률에 목숨을 거는 것이다.

방아쇠를 당기기 전 긴장감과 방아쇠를 당기고 격발이 되지 않앗을 때 안도감의 느낌은 어떠할까?

PC게임에서도 점 100원짜리 고스톱을 치다가 점 500원, 그리고 점 1,000원으로 자꾸 올려야 재밌어진다. 즉 점 100원짜리 고스톱보다 점 1,000원짜리가 느낌이 더 강렬하다. 점 1,000원짜리 고스톱을 치는 사람은 다시는 점 100원짜리 고스톱을 칠 수가 없다. 재미를 못 느낀다. 느낌이 강하지 않다는 것이다.

건강을 위해 마라톤을 취미로 하신 분들이 있을 것이다.

그 건강함을 위해 달리는 이면에도 느낌의 추구가 있다. 달리다가 목적지에 도착했는데 숨이 계속 가쁘고 몸에 고통스러운 느낌뿐이라면 우리는 달리지 않을 것이다. 달리다가 멈추면 즐거운 느낌이 일어난다.

목숨을 건 등반, 인간의 한계에 도전하는 철인 3종경기 등등 여기에도 본질은 느낌이다. 강한 고통 후의 안도하는 느낌 그 느낌을 추구하는 탐욕, 그리고 탐욕을 더 강화시키는 집착, 그러한 심리 현상이 산을 오르게 하고, 죽을 것 같은 고통도 견디며 달리게 하는 것이다.

이러한 행위를 우리는 정복이라고 하고, 위대한 인간 승리라고 의미를 부여한다.

개념적으로 말이다.

서핑의 본질

저 파도를 타는 사람들은 얼마나 짜릿한 느낌을 느낄까? 그 느낌을 느끼기 위해 직업도 바꾸고, 주말이면 바닷가를 찾는 사람들이 서퍼다. 파도를 가르는 서퍼들의 모습을 보면 세상 모든 자유를 얻은 것처럼 보인다.

혹시 워터파크나 놀이공원에서 놀이기구를 타기 위해 긴 줄을 서본 적이 있는가? 몇십 초 동안의 재미를 느끼기 위해 2시간 넘게 기다려본 사람들은 놀이기구에서 내려온 후 어딘가 모를 허무함도 느꼈을 것이다. 서핑도 마찬가지다. 서핑을 할 만큼 적당한 파도는 생각보다 자주 오지 않는다. 극단적인 예로는, 짧은 순간의 파도를 느끼기 위해 며칠을 기다리는 일도 있다고 한다. 파도가 밀려간 후 서퍼들은 긴 서프보드를 가지고 다시 기약 없는 파도를 기다리며 숙소로 돌아간다. 짧은 만남과 긴 이별처럼 그 순간의 느낌을 위해 오랜 기간 기다림을 불사하는 사람들은 정말 자유로운 사람들일까? 느낌에 목맨 느낌의 노예들은 아닐까?

문제는 느낌은 조건에 따른 것이기에 적당한 파도라는 조건이 있어야만 즐거운 느낌을 받을 수 있는 구조이다.

즐거운 느낌은 내가 만들어냈는가? 아니다. 파도뿐 아니라 맛있는 음식의 느낌 역시 내가 만들어낸 게 아니다. 내가 즐거운 느낌을 만들어낼 수 있다면 우리는 멀리 여행을 가지 않아도 즐거울 수 있고, 배부르지 않고 살찌지 않고도 즐거운 느낌을 만들어낼 수 있다.

귀에 이어폰을 꽂지 않고도 기분이 좋아야 한다.

그렇다. 나는 느낌을 만들어내지 못한다. 그래서 '무아(無我)'이다. 내가 하는 게 아니라 조건에 따라 결과가 발생하는 상태라는 것이다.

우리 삶을 둘러보라!

여행을 가고, 맛집을 찾고, 공연장을 찾고, 술을 마시고, 취미 생활, 예술 행위를 한다.

행복하게 살기 위해서라는 명분 아래 수많은 느낌의 조건을 부여하고 있다. 이것을 우리는 삶이라 부른다.

변해버릴 느낌을 찾으러 다니는 우리 삶이 참으로 고단해보이지 않는가!

느낌은 변한다.

신혼여행을 갔다 온 그 똑같은 느낌을 찾을 수 있겠는가?

느낌뿐만 아니라 당신 몸도 변하고 있다. 1초에 백만 개의 세포가 사라지고 만들어지고 있다.

마음도 변한다. 처음 결심한 대로 끝까지 공부할 수 있었다면 우리는 모두 하버드대학이나 사법 고시를 패스했을 것이다. 은행나무의 노란 잎들은 올봄에 녹색이었다. 그리고 앙상한 가지를 거쳐 다시 녹색으로 물들 것이다.

무상(無常)이다. 모든 것은 변한다.

이 변화하고 있는 것들이 행복인가 괴로움인가?

노래를 몇 번 들으면 싫증이 난다. 더 이상 즐거운 느낌이 일어나지 않는다는 뜻이고, 느낌이 변했다는 뜻이다.

같은 노래를 들어도 처음 느낌처럼 계속 같은 즐거운 느낌이 일어난다면 우리는 다른 음악을 찾아다니는 번거로운 행위를 하지 않아도 될 것이다.

음식의 맛도 변하고, 유행도 변한다. 검은 머리의 내 젊음도 머지않아 백발이 성성해질 것이다. 이러한 변화의 조건에 압박, 종속되어있다는 것은 괴로운 것이 아닌가?

삶이, 행복이 완전한 것이라면 변하지 말아야 한다.

괴로움[苦]이다. 변화에 압박받는 것은 괴로움이다.

이 변화를 내가 만들었는가?

내가 만든다면 나는 나를 늙지 않게 만들 것이고, 좋은 것만 느끼게 만들 것이다. 내가 없기에(내가 없다는 말은 딱 부러지게 말할 실체가 없다는 뜻이다. 왜? 변하고 있기 때문에), 조건에 의해 몸과 마음이 반응하기에 우리는 무아(無我)인 것이다.

내가 없다면 여기에 책을 읽고 있는 나는 그러면 무엇인가? 지금의 나는 눈으로 책이라는 대상에 반응하고 있는 한순간의 물질과 정신 현상일 뿐이다. 만약 다음 순간 소리가 들린다면 역시 소리에 반응하고 있는 한순간의 물질과 정신일 뿐이다. 마치 번개가 일어났다 사라지듯이.

무아(無我)다. 무어라 말할 수 있는 실체가 없기에 우리는 무아이다.

"일체가 느낌으로 귀결된다."

세상사 여러 가지 개념으로 포장되지만, 본질은 느낌의 추구이다.

그러나 느낌은 변하기 때문에 우리의 삶은 그 새로운 느낌을 만들기 위해 늘 분주하고 고단하다. 새로운 제품, 새로운 유행, 새로운 맛 등 새로운 무언가를 만들기 위해 자본주의는 서로 경쟁한다. 우리 또한 새로운 느낌을 구매하기 위해 부지런히 돈을 벌고 있다.

이러한 탐욕이 지배하는 세상, 갈애가 지배하는 세상을 불교에서는 '욕계 세상'이라 부른다. 즉 욕망이 지배하는 세상이라는 것이다.

그러나 욕계 세상의 본질은

변하고 있는 무상한 것이고,

그 변화의 압박으로 괴로운 것이고,

그 변화의 주체는 실체가 없는 무아이기에 늘 불안하고 동요된다. 우리가 행복하다고, 행복할 것이라고, 행복이 있다고 믿고 있는 이 세상의 본질은 무상이고, 고이고, 무아이다.

경전을 인용한다.

3. "비구들이여, 세 가지 느낌이 있다. 무엇이 셋인가? 즐거운 느낌, 괴로운 느낌, 괴롭지도 즐겁지도 않은 느낌이다. 비구들이여, 이러한 세 가지 느낌이 있다."

4. "즐거움이든 괴로움이든 괴롭지도 즐겁지도 않음마저도 안의 것이든 밖의 것이든 그 어떤 느낌에 접하든 간에 그 모두를 괴로움으로 아나니 거짓되고 부서질 수밖에 없는 것, 그것들의 부딪치고 또 부딪쳐왔다가 사라져 가는 양상을 지켜봄으로써 거기서 탐욕이 빛바래도다."

—「행복 경」(S36:2)

*인간의 선택 기준

불교에서는 세상이 돌아가는 것에는 여덟 가지가 주된 원인이라
고 한다.

이익과 손실

즐거움과 괴로움

칭찬과 비난

명예와 불명예

이 8가지를 잘 기억하라.

1장에서 보았듯이 우리 삶의 선택과 근간은 이익과 손실, 즐거
운 느낌과 괴로운 느낌이 그 주를 이룬다. 즐거운 느낌은 좇고 괴
로운 느낌은 밀어낸다. 이익이 있으면 어떻게든 친해지려고 하고
이익이 없으면 아는 척도 안 한다. 큰 회사에 다니다가 그만두고
옛날 거래처에 전화하면 "누구세요?" 하고 반문한다. 이것이 옛날
속담에 "정승 집 개 죽은 데는 문상을 가도 정승 죽은 데는 문상
을 가지 않는다."라는 것과 통하는 말이다.

이러한 논리로 세상을 보면 대부분 결과에 대해 이해를 할 수

있을 것이다. 인류의 역사가 전쟁의 역사인 것에 대해 회의를 품을 필요는 없다. 우리는 이익을 좇고, 느낌을 좇고 사는 욕계 세상의 존재들이기 때문에 전쟁은 당연한 것이다. 여기에 진정한 세계 평화니 인류애니 하는 것을 기대한다는 것은 원숭이 무리나 사자 무리에서 다 같이 공평하게, 평화롭게 사는 것을 바라는 것과 같은 일이 아닐까?

세상은 여덟 가지를 선택하고, 그 여덟 가지에 의해 다시 돌아간다.

우리가 선택하는 기준의 밑바닥에는 이 여덟 가지가 있다.

그러나 많은 개념으로 포장된다. 이것을 직시하라.

경전을 인용한다.

1. "비구들이여, 여덟 가지 세상의 법이 세상을 돌아가게 하고, 세상은 다시 여덟 가지 세상의 법을 돌아가게 한다. 무엇이 여덟인가?"

2. "그것은 이득과 손실, 명성과 악명, 칭송과 비난, 즐거움과 괴로움이다. 비구들이여, 이러한 여덟 가지 세상의 법이 세상

을 돌아가게 하고, 세상은 다시 이러한 여덟 가지 세상의 법을
돌아가게 한다."

3. "이득과 손실, 명성과 악명, 칭송과 비난, 즐거움과 괴로움,
인간들과 함께하는 이러한 법들은 무상하며, 영원하지 않고 변
하기 마련인 법이라.
이를 알고 마음 챙기는 영민한 자는 변하기 마련인 법들을 비
추어 보아서 원하는 것들이 그의 마음을 사로잡지 못하고, 원
하지 않는 것에서 반감이 생기지도 않나니, 그에게는 순응함과
적대감이 흩어지고 사라져 존재하지 않으리.
티끌 없고 슬픔 없는 '열반'의 경지를 알고, 존재의 저 언덕에
도달하여, 이를 바르게 꿰뚫어 아노라."

— 「세상의 법 경」1(A8:5)

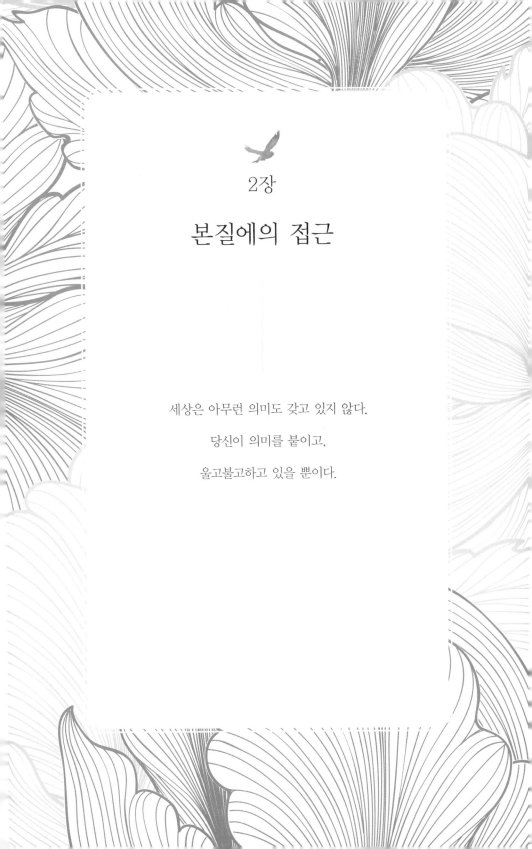

2장

본질에의 접근

세상은 아무런 의미도 갖고 있지 않다.

당신이 의미를 붙이고,

울고불고하고 있을 뿐이다.

세상은 아무런 의미도 가지고 있지 않다

낙엽은 당신에게 어떤 의미인가?

왠지 모를 가을의 쓸쓸함인가?

아니면 헤어진 사랑의 추억 같은 그런 의미로 다가오는가?

추운 겨울 동안 나무는 수분을 끌어올리지 못한다고 한다. 못하는 이유는 토양에 수분이 없어서가 아니라, 수분을 끌어올리면 줄기가 얼어 터지기 때문에 생존을 위해서 수분 공급을 최소화해야 하므로 나뭇잎을 떨어뜨리는 것이라고 한다. 그것을 우리는 낙엽이라고 하는데, 왜 우리는 나무의 생존을 두고 쓸쓸함이라는 의미를 붙이는 것일까?

해가 지고 있다. 붉은 노을을 바라보며 왠지 인생이 저무는 것처럼 느껴지는 것일까? 그리고 누군가는 그 황혼을 보면서 자살을 생각하기도 한다. 황혼의 의미는 해가 뉘엿뉘엿하여 어두워질 무렵이란 뜻과 세력이나 나이 따위가 한창인 때를 지나 쇠퇴하여 종말에 가까운 때를 비유적으로 이르는 말이다. 그러나 해가 진다는 것은 자연의 관점에서 봤을 때는 지구의 자전운동일 뿐이다. 이 자전운동이 왜 황혼이라는, 다소 쓸쓸한 느낌의 의미가 붙어버린 것일까?

낙조를 보면서 한쪽에서는 아름다운 사진이라고 즐거운 마음으로 사진 찍기에 분주하다.

　앞장에서 바라본 쓸쓸한 낙엽은 청소부에게는 빨리 치워 없애야 할 쓰레기 더미일 뿐이다. 황혼의 반대편에서는 희망찬 해가 떠오르고 있다. 자살을 생각하고 있는 사람의 반대편에서는 마치 해가 뜨면 모든 일이 잘 풀리고 행복할 것으로 생각하는 활기찬 모습의 사람들이 있다. 같은 태양을 보면서 누구는 쓸쓸하고 누구는 활기차다. 한쪽에서는 해가 진다고 하고 한쪽에서는 해가 뜬다고 한다.

　사실 해는 지지도 뜨지도 않았다. 낙엽이 지고 해가 뜨고 있는 이 자연이라는 현상계는 사실 아무런 의미를 가지고 있지 않다. 단지 조건에 의해서 형태와 색깔이 변하고 있을 뿐이다. 그것에 우리는 의미를 두고 관념이라는, 혹 생각이라는 짐을 진다.

　봄에 꽃이 핀다. 우리는 그 꽃들에 의미를 두고 기뻐한다. 마치 우리가 피운 것처럼. 그러나 봄에 꽃이 피기 위해서는 온도, 수분, 영양분 등 적당한 조건을 만나야 한다. 즉 조건 발생인 것이다. 냉장고에 화분을 넣어두면 꽃은 피지 않는다. 온도와 햇빛이라는 조건이 없어서이다. 삼라만상이 조건 발생이고, 조건 발생의 결과들이다. 이 조건 발생에 우리는 의미를 둔다. 그리고 그 의미에 목을 맨다.

　화무십일홍(花無十日紅). 꽃도 열흘을 못 넘기고 조건에 의해서 변화를 맞이한다. 그렇듯이 우리 인생 역시 백 년도 못 되어서 조건의 변화로 인해 늙음과 죽음이라는 의미를 부여받는다. 죽음 역시 의미는 없다. 조건에 의해서 변화될 뿐이다. 죽는다는 것은 또 슬픔인가 기쁨인가? 한쪽에서는 통곡하고, 한쪽에서는 고스톱을 친다고 바쁘다. 누구는 자식들 고생한다고 잘 죽었다고 하고, 누구는 더 살아야 한다고 한다. 중환자실 한쪽에서는 치료비가 없어 빨리 산소호흡기를 떼라고 하고, 한쪽에서는 아직 장남이 외국에서 오지 않아서 죽지 못하고 산소호흡기를 달고 있다.

　죽음은 본질적으로는 물질의 형태와 성질의 변화이다.
　따뜻함에서 싸늘함으로 식어가고, 한 줌의 재로 변하는 과정이다.
　여기에서 우리는 울고 웃고 있는 것이다.

　"아무도 어머니의 죽음을 슬퍼할 권리는 없다." -이방인-

죽음이라는 단어는 생각의 짐일 뿐이다. 죽음이 두렵다면 당신은 죽음에 대한 자신만의 정의를 내리고, 그것을 두려워하고 있는 것이다. 즉 생각의 짐이라는 것이다. 세상은 아무런 의미를 가지고 있지 않다. 우리가 의미를 두고, 그 생각의 짐을 지고 울고불고하고 있을 뿐이다.

나는 무엇인가?

: '나'라는 짐

나는 무엇인가? 당신은 무엇인가? 불행하게도 인류는 여기에 답을 내놓지 못하고 있다. 당신 스스로 당신이 누구며 무엇인지 답해본 적이 있는가? 한 번도 내가 누구며 무엇인지 알려고 하지 않았다면, 이 아무것도 모르는 상태를 불교에서는 무명(無明) 또는 무지(無知)에 빠져있다고 한다. 내가 무엇인지, 누구인지 아는 것과 먹고사는 문제하고 무슨 상관있느냐고 생각한다면 그렇게 살면 된다.

돼지우리의 돼지들은 자기가 돼지인지, 돼지우리가 더러운지 모른다. 더욱이 등에 파란 도장이 찍혀 도살장에 당장 내일 끌려가는 신세인 줄도 모르고 꿀꿀거리며 사료를 먹고 있다. 우리는 인간이다. 인간은 사유할 수 있는 능력을 가지고 있다. 이 사유할 수 있는 능력을 가진 인간으로 태어났을 때 우리는 나와 세상, 그리고 생로병사의 본질에 대한 의문을 품어야 한다. 이 의문을 품지 못한다면 다시 돼지로, 닭으로 태어나서 돼지우리나 A4용지 한 장도 되지 않는 닭장에서 살아야 할지도 모른다.

불교에서는 나라는 존재를 혹은 너라는 존재를 오온(五蘊)이라고 표현한다. 우리 모두가 이름은 다르지만 본질적으로는 오온(五蘊)이라는 것이다. 오온(五蘊)은 정신의 무더기와 물질의 무더기로 나눌 수 있다.

우리 몸을 물질의 무더기라고 한다.	색(色)
정신의 영역인 느낌의 무더기	수(受)
정신의 영역인 인식의 무더기	상(想)
정신의 영역인 심리현상들의 무더기	행(行)
정신의 영역인 마음의 무더기	식(識)

당신을 물질, 느낌, 인식, 심리 현상, 마음으로 해체하면 거기에 당신이라고 할 만한 게 없고, 당신이 뭔가를 하는 게 아니라 오온의 조건 발생, 오온의 흐름임을 알 수 있다는 것이다.

지금 책을 보고 있는 당신을 오온으로 보면 이렇다. 당신 몸은 물질로 되어있기에 현재 물질적인 현상들이 일어나고 있다. 책을 보기 위해 눈이 움직이며, 손으로 책장을 넘기고 몸은 자세를 유지하기 위해 근육들이 끊임없이 움직이고 있다. 이것을 물질의 무더기라고 한다. 줄여서 '색(色)온'이라고 한다.

또한, 책을 보면서 우리는 많은 느낌을 느낀다. 책에 나오는 글자의 개념들에 기분이 좋고 나쁘고 할 것이고, 책을 보면서 주변에 들리는 소리 때문에 느낌이 일어날 것이다. 이렇듯 느낌의 무더기도 지금 일어나고 있다. 이것을 느낌의 무더기, 줄여서 '수(受)온'이라고 한다.

역시 책을 보면서 글자를 이해한다는 것은 인식 작용이 일어나기 때문이다. 우리가 책장을 넘기고 책을 보다가 목이 말라서 냉장고를 찾아가는 것도 다 인식 작용이다. 이 인식 작용이 일어나는 현상들을 인식의 무더기, '상(想)온'이라고 한다.

그리고 책을 보다가 갑자기 화가 난다든지, 탐욕의 마음 등이 일어나고 그 마음을 자각하는 마음 챙김이 일어났다면 심리현상들의 무더기인 '행(行)온'이 일어났다는 뜻이다.

그리고 마음이 일어나는데 마음의 고유 성질은 대상을 아는 것이다. 느낌, 인식, 심리 현상의 도움으로 대상을 아는 것, 이것이 마음이 일어난다고 할 수 있다. 마음은 정신 현상에서 오케스트라의 지휘자요, 다른 심리 현상은 연주자라 하면 되겠다. 이렇게 마음의 무더기인 '식(識)온'이 일어난다.

'색수상행식', 이것이 불교에서 말하는 '나는 무엇인가?'에 대한 답인 오온이다.

그리고 오온은 변화하고 있다.

문제는 이 오온이라는 것이 조건에 의해서 당신에게 짐을 지운 다는 사실이다. 왜 오온을 짐이라고 하는가? 당신은 몸이라는 조건을 가지고 있다. 그리고 몸의 조건으로 인해 그 몸은 하루도 쉬지 않고 밥을 달라고 하고, 밥 먹으면 화장실에 가게 해달라고 하고, 매일 씻겨달라고 하고, 조금만 뭔가를 하면 피곤하다고 하고, 수시로 재워달라고 요구한다. 그리고 수시로 아프다고 약을 달라고 하고, 병원에 데려가 달라고 한다. 이것은 당신이 하는 게 아니고 몸이 요구하는 것이다.

그리고 느낌은 늘 즐거운 것을 느끼려고 한다. '맛있는 거 먹으러 가자', '술 먹으러 가자', '담배 피우러 가자', '놀러 가자', '좋은 옷 사러 가자'고 한다. 이것 역시 당신이 하는 게 아니고 느낌이 요구하는 것이다. 인식 역시 마찬가지이다. 좋은 것과 나쁜 것을 다 기억해놓았다가 우리에게 그것에 맞게 행동할 것을 요구한다. 심리 현상 또한 우리에게 '이것을 하자', '저것을 하자' 하면서 업을 짓도록 만든다는 것이다. 마음은 '대상을 아는 것'이기에 늘 대상을 쫓아다닌다. 밀림의 원숭이처럼 마음은 잠시도 가만히 있지 않고 우리를 이리저리 끌고 다닌다. 이렇듯 오온은 우리를 끌고 다니면서 짐을 지운다.

오온이 짐이 아니라면 한 번만 먹어도 늘 배가 부르고, 화장실에 매일 가지 않아도 되고, 아프지도 않고, 한 번 즐거움이 영원한 즐거움이라야 할 것이다. 그러나 우리는 매일 먹이고, 씻기고, 재우고, 화장실에 데려가고, 즐거움을 찾아다녀야 하는 수고로움을 늙어서 죽을 때까지 해야 한다. 이것이 짐이 아니고 무엇이겠는가? 이것을 불교에서는 '나는 오온이라는 짐을 지고 있다'고 하는 것이다.

누가 당신에게 "당신은 무엇이냐?"라고 물으면, "나는 오온이고, 그 오온이라는 짐을 지고 있어서 삶이 가끔 무겁게 느껴진다."라고 하면 된다. 마치 노래에 나오는 가사처럼 말이다. "등이 휠 것 같은 삶의 무게여!"

경전을 인용한다.

1. 이와 같이 나는 들었다. 한때 세존께서는 박가에서 숨수마라 기리의 베사깔라 숲에 머무셨다.

2. 그때 나꿀라삐따 장자가 세존께 다가갔다. 가서는 세존께 절을 올리고 한 곁에 앉았다. 한 곁에 앉은 나꿀라삐따 장자는 세존께 이렇게 말씀드렸다.

3. "세존이시여, 저는 이제 늙어서 나이 들고 노쇠하고 연로하고 삶의 완숙기에 이르렀습니다. 저의 몸은 병이 들었고 저는 끊임없이 병고에 시달립니다. 세존이시여, 그러나 저는 세존과 마음에 새겨야 할 [고귀한] 비구들을 거의 친견하지 못합니다. 세존이시여, 세존께서 저를 훈도해 주소서, 세존이시여, 세존께서 저를 가르쳐주소서. 그러면 제게 오래도록 이익과 행복이 될 것입니다."

4. "참으로 그러하다, 장자여. 참으로 그러하다, 장자여. 그대의 몸은 고생이 가득하고 참으로 거치적거린다. 장자여, 이런 몸을 끌고 다니면서 잠시라고 건강하다고 자부한다면 어찌 어리석은 사람과 다르지 않겠는가? 장자여, 그러므로 그대는 이와 같이 공부지어야 한다. '나의 몸은 병들었지만 마음은 병들지 않을 것이다.'라고 그
대는 이와 같이 공부지어야 한다."

— 「나꿀라삐따 경」(S22:1)

세상은 무엇인가?

: 세상이라는 짐

세상은 무엇이고, 세계는 무엇이고, 인생은 무엇인가? 세상, 세계, 인생을 구분할 수 있겠는가? '세상살이는 힘들다'와 '인생이 힘들다'는 무엇이 다른가? 이것들을 구분하지 못하는 이유는 다 개념이기 때문이다. 개념은 본질을 드러내지 못한다. 불교에서는 세계, 세상 혹은 인생을 현재 이 순간 감각기관이 감각 대상을 만나는 것으로 표현한다.

즉 현재

눈이 형색을 보고,

귀가 소리를 듣고,

코가 냄새를 맡고,

혀가 맛을 보고,

몸이 감촉을 느끼고,

마음이 무엇인가를 아는 것.

이것을 한자로 간단히 줄이면 12처라고 한다.

眼耳鼻舌身意 안이비설신의(6내입처)

色聲香味觸法 색성향미촉법(6외입처)

즉 '안이비설신의'가 '색성향미촉법'을 만나는 것을 세상 혹은 세계, 인생이라고 한다. 보고, 듣고, 맛보고, 냄새 맡고, 감촉하고, 아는 것 외에 무엇이 있다면 꺼내보라! 찾을 수 없을 것이다. 그래서 세상이 12처인 이유이다. 개인적으로 세상에 대한 정의를 이렇게 명쾌하게 해준 불교의 가르침에 감사한다. 사람으로 태어나서 세상이 무엇인지도 모르고, 인생이 무엇인지도 모르고 죽는다면 참으로 억울하지 않겠는가?

우리는 같은 장소에 있으면서도 서로 다른 세계를 경험한다. 친구와 TV를 보고 있다고 가정하자. 아이돌 그룹이 나온다. 그런데 그 같은 화면에서도 친구는 각자 좋아하는 사람만 보고 있다. 즉 다른 세계를 경험하고 있는 것이다. 그 옆에 개가 TV를 보고 있는데 개에게는 흑백의 세상이다. 고양이가 보는 TV 역시 우리와 다르게 보인다. 같은 화면을 보고 있는데도 각자 다른 세상을 경험하고 있는 것이다. 이것은 외부 세상은 존재하지만 각자 다르게 경험하기에 각자가 보는 것이 세상일 수밖에 없는 것이다. 그래서 이 순간 당신이 경험하는 게 당신의 세상이고, 같은 장소에 있어도 상대방이 경험하는 게 상대방의 세상일 수밖에 없다. 이렇게 세상을 객관적으로 정의하지 못하고 각자 감각기관이 경험하는 그 순간을 세상이라고 불교는 말하고 있다. 이런 이유로 세상살이에 정답은 없다는 것이다.

지금 이 순간 당신의 눈에 당신이 좋아하는 사람이나 물건이 보여서 기분이 좋다면 지금 당신의 세계 혹은 인생은 즐거운 인생이다. 귀에서 즐거운 음악이 들려서 흥얼거린다면 지금 이 순간 당신은 행복한 인생을 살고 있다는 것이다. 삶이 고단하고 힘들고 짜증스럽게 느껴지는가? 그러면 그 순간 당신은 뭔가 괴로운 생각에 집착하는 짐을 지고 있다는 뜻이다. 이 집착이 길어지면 삶과 인생의 무게가 점점 더 무거워질 것이다.

사실 오온의 흐름이 세상이다. 나의 정신 현상과 물질현상을 오온이라고 하고, 내 몸의 감각기관들이 외부 대상을 만나는 것을 세상이라고 한다면 같은 이야기를 다른 각도에서 하고 있다는 뜻이다. 즉 나와 세상은 분리되지 않는다는 것이다. 당신이 의지를 가지고 희망차게 일을 시작한다면 희망찬 세상이 당신 앞에 열리는 것이고, 당신이 스스로 오온에 집착하는 짐을 진다면 세상의 짐을 지는 모양새가 되고 만다. 100억을 가지고 있다고 하더라도 그 100억에 당신의 오온이 집착해버린다면, 즉 남에게 베풀기 싫어서 벌벌 떨면서 살고 있다면 당신은 100억이라는 짐을 개인적으로 짐과 동시에 세상 사람들에게도 100억을 가진 인색한 사람으로 보인다는 것이다.

지금 뭔가를 걱정하고 있다면 당신은 스스로 짐을 지고 있는 것이다. 그 짐을 내려놓기 위해서 불교에서는 나와 세상을 오온과 12처로 해체한다. 그리고 그 해체를 통해서 본질을 드러낸다. 본질이 드러나면 나라는 짐, 세상이라는 짐의 실체가 드러나고, 그것을 통해 당신은 짐을 내려놓을 수 있다고 불교는 말하고 있다.

"오래도록 잊었던 눈물이 솟고, 등이 휠 것 같은 삶의 무게를 느낀다고 하더라도 당신은 이제 더 이상 나라는 개념과 세상이라는 개념에 속지 않을 것이다."

개념(생각)의 해체

: 내 아파트 가격이 오르지 않는다면

"네 언어의 한계는 네 세상의 한계이다." —비트겐슈타인

우리는 의사 전달을 하기 위해 언어라는 개념을 사용한다. 아파트, 집, 자동차, 돈, 나, 너, 세상, 사랑, 회사, 자식, 빚 등등. 당신의 이름이 집에서 영식이라 불린다면 바깥에 나가면 선배나 후배, 직장에 가면 과장님, 사람이 많은 곳에 가면 고객님 등이라 불릴 것이다.

개념은 이렇듯 상황에 맞게끔 불리는 이름이다. 그러나 개념은 본질을 드러내지 못한다. 붉은 노을을 아무 말 없이 바라보더라도 우리는 그 느낌을 알 수 있다. 그러나 노을을 보면서 노을이 아름답다고 말하는 순간 아름답다는 생각에 속박된다. 말없이 노을을 보는 지각의 상태에서 생각으로 덮어버린다. 사랑하는 사람을 눈으로만 쳐다보고 아무 말을 안 해도 우리는 여러 가지 감정이 벅차오르는 것을 느낄 수 있다. 그러나 우리는 수많은 감정을 "사랑한다."라는 그 한마디로 덮어버린다. 이것이 개념이 본질을 드러내지 못하고 언어의 한계 속에 당신의 세상이 갇혀버리는 이유이다.

살면서 백 마디의 말보다 한 번의 눈빛이 혹은 한 번의 포옹이 더
많은 의미를 준다는 것을 경험했을 것이다.

불교에서 말하는 행복의 출발점은 개념의 해체로부터 시작한다.
자동차라는 개념은 2만 개 부품의 조합이다.
자동차라는 개념을 실재로 해체하면 자동차는 사라진다.

여기 수많은 부품 중에 자동차라는 것은 어디에 있는가?
무엇을 가지고 자동차라고 할 것인가?
해체된 자동차를 가지고 싶은가?

당신이 아파트에 살고 있다면 과연 무엇을 아파트라고 할 것인
가? 현관문이 아파트인가, 중문이 아파트인가, 바닥이 아파트인가,
거실이 아파트인가, 안방이 아파트인가, 주방이 아파트인가, 화장

실이 아파트인가? 아무리 찾아다녀도 당신은 아파트를 찾지 못할 것이다. 아파트에 산다고 하는데, 아파트를 찾을 수 없다. 이유는 아파트는 이름으로만 존재할 뿐 실재하지 않는다는 뜻이다.

　당신은 아파트를 가지고 있다고 생각하지만 실재로는
　眼耳鼻舌身意 안이비설신의가
　色聲香味觸法 색성향미촉법을 만나고 있다는 것이다.
　즉 오온과 12처라는 것이다.

　만약 당신이 아파트에 누워있다면 반 평도 안 되는 장소에 닿는 몸의 느낌 정도와 눈에 보이는 거실 천장이 다일 것이다. 그것을 당신은 아파트를 가지고 있다고 생각한다는 것이다. 60평 아파트에 살아도 닿는 것은 내 한 몸뚱이인 것이다. 사실 당신이 가지고 있는 집은 없다. 아파트라는 이름과 가지고 있다는 생각만이 있을 뿐이다. 그리고 당신은 그 생각들에 집착한다. '내 것이야', '오를 거야', '내리면 어떡하지?' 등등 집착하면서 생각의 짐을 진다. 요즘 아파트 가격이 내려간다니 점점 더 삶이 무거워진다. 이것이 심해지면 우울증으로 발전한다.

　아파트라는 이름에 집착한다고 해서 오를 것이 안 오르고 내릴 것이 안 내리는 것이 아닌데, 우리는 스스로 이름에 집착해서 생각의 짐을 진다. 이 짐을 내려놓기 위해서는 짐의 무게를 자각해야 한다. 집값 때문에 혹은 집 담보의 빚 때문에 걱정이 많다면 그런 생각들이 일어나는 순간 즉시 '숨'을 보면서 코끝의 호흡으로 마음을 보낸다. 몇 번 '숨'을 보면서 지금의 걱정은 실체가 없는 생각들뿐이라고 지혜의 마음을 내면서 생각들을 내려놓는다.

잘 아는 부동산 아줌마가 얼마 전에 자살했다는 소식을 들었다. 분양권을 과도하게 매입했는데, 아파트 투자 분위기가 냉랭해지면서 입주가 다가오는데도 매입한 분양권을 팔지 못해 자금 압박으로 인해 자살했다는 것이다.

불교적으로 보면 그 아줌마의 자살은 과도한 탐욕으로 인한 과보로 볼 수 있다. 당신이 소유하고 있는 집이나 상가, 땅 등에 너무 과도한 탐욕으로 집착을 한다거나 가격이 내려서 잘 팔리지 않아서 성냄으로 집착을 한다면, 그것들이 당신의 삶을 비참하게 만들 수도 있다. 이 사실을 직시하라. 아파트가 있다는 생각을 해체하지 못하고 걱정이라는 생각들을 내려놓지 못한다면 말이다.

형광등의 본질
: 내 마음대로 볼 수 없는 이유

환하게 계속 밝은 것 같은, 마치 정지해있는 것처럼 보이는 형광등도 1초에 60번 깜박인다고 한다. 계속 켜져있는 것 같이 느끼는 것은 빠르게 깜박이기 때문이다. 우리 몸도 마찬가지이다. 워낙 빠르게 생멸하고 있어서 마치 변하지 않는 것처럼 보이는 것이다. 이 착각으로 인해 늙음이라는 변화에 둔감하다는 것이다. 형광등의 본질이 깜빡임이듯이 우리 몸도, 세상도 빠른 속도로 변화하고 있다. 모든 것은 변한다. **무상(無常)**이다.

어두운 밤에 형광등 아래에서 책을 보고 있다고 하자. 보통 우리는 '내'가 책을 보고 있다고 이야기할 것이다. 과연 내가 내 마음대로 책을 볼 수 있을까? 형광등을 꺼버리면 어떻게 될까? 그래도 당신이 책을 볼 수 있을까? 어두워서 못 본다고 할 것이다. 당신이 당신 마음대로 책을 볼 수 있다면 형광등을 켜 든 끄든 책을 볼 수 있어야 한다. 이것이 의미하는 것은 당신이 책을 보기 위해서는 빛이라는 조건이 있어야 한다는 사실이다.

당신이 책을 보기 위해서는 다음의 조건이 갖춰져야 한다. 우선 건강한 눈이 있어야 한다. 그리고 책이라는 대상이 있어야 하고, 빛이 있어야 하고, 주의가 있어야 한다. 즉 네 가지 조건이 맞아야 우리는 볼 수 있다. 내가 보는 게 아니고 조건에 의해서 보이는 것이다. 이 조건 중 하나라도 맞지 않으면 우리는 볼 수 없다. 특히 주의(집중)라는 것은 우리가 쉽게 경험할 수 있다. 우리가 TV 등을 볼 때 엄마가 부르는 소리를 듣지 못하는 것은 그때 주의가 보이는 것에 가있기 때문이다. 주의가 들리는 것에 가서 엄마 목소리를 듣는 그 순간은 우리는 사실상 보지 못하는 순간이다.

불교에서는 이 현상계를 조건 발생이라고 이야기한다. 소리가 있어야 들을 수 있다. 음식이 혀에 닿아야 맛을 볼 수 있다. 다 조건이 있어야 한다는 것이다. 그리고 이 조건 발생은 '무아'와 같은 말이다. 내가 어찌할 수 없기에 **무아(無我)**'이다. 그런데 우리는 무지(無知)하기 때문에 내가 한다고 매 순간 착각하고 있는 것이다. 이 착각을 내려놓는 것, 그것이 '나 없음'의 행복이다.

지금 당신은 무상한 형광등 아래에서 변하고 있는 오온이라는 물질과 정신을 조건으로 눈과 책이 만나고 있는 세상을 경험하고 있다.

여기에 당신은 없다.

보톡스의 진실

우리는 변하고 있는 존재들이다. 그리고 그 변화를 늙음이라고 개념화할 수 있고, 본질적으로는 **무상(無常)**이라고 이야기할 수 있다. 이 변화가 삼라만상의 진리인데, 유독 인간만이 이 변화를 거부하고 영원히 살 듯이 자기에게 집착하고 있다. 영원히 젊을 것처럼 거울 앞에 앉아 화장을 해보지만, 꽃이 시들 듯 우리의 피부도 주름이 늘어간다. 이 주름이 싫어서 보톡스를 맞아본다. 처음에는 괜찮았는데 나이가 들수록 부자연스럽다. 이유는 주름은 자꾸 늘어나는데 그 자리만 볼록하고 평평해보이기 때문이다. 주름과 보톡스 맞은 자리는 점점 더 부조화를 이룬다. 그리고 얼핏 잘못 보면 괴물처럼 보일 수도 있다.

왜 우리는 보톡스를 맞는 것일까? 그것은 바로 내 몸에 집착하기 때문이다. 이 집착의 이면에는 무지(無知)가 있다. 밥을 먹으면 똥이 나오는 게 변화인데, 변하는 게 싫어서 항문을 막아놓는다면 얼마나 불편하고 거북할 것인지 상상이 되는가? 얼굴에 주름이 생기는 것은 변화의 흐름일 뿐인데, 그것을 마비시켜 버린다. 그리고 그 상태가 젊게 보이는지, 예뻐 보이는지 물어본다. 그러나 아무도 진실을 말하지 않을 것이다. 누가 당신에게 "이 옷 예뻐요?" 하고 물어본다면 당신은 응당 괜찮다고 이야기할 것이다. 상대방의 기분을 생각해서 말이다. 그렇듯이 당신의 얼굴에 비싼 돈을 들여서 마비시킨 상태를 누구에게 물어보면 대부분은 다 당신이 원하는 대답을 할 것이다.

보톡스의 진실은 늙어가고 변화하는 '무상(無常)'이라는 본질 앞에 그것을 일시적으로 마비시켜서 얼굴이 자연스럽게 보이지 않는 상태, 그리고 그 자연스럽지 않은 상태를 벌거벗은 임금님처럼 아무도 이야기해주지 않는 상황이다.

경전을 인용한다.

물질[色]
18. "비구들이여, 무엇이 물질[色]의 달콤함인가? 비구들이여, 예를 들면 끄샤뜨리야의 소녀나 바라문의 소녀나 장자의 소녀가 있어 15세나 16세의 나이로 너무 크지도 너무 작지도 않고, 너무 마르지도 너무 살찌지도 않고, 너무 검지도 너무 희지도 않다면, 참으로 그 소녀의 매력과 아름다움은 절정에 이를 것이다."
"그러합니다, 세존이시여."

"비구들이여, 참으로 매력적이고 아름다운 것을 반연하여 즐거움과 행복이 있나니 이것이 물질의 달콤함이다."

19. "비구들이여, 무엇이 물질의 재난인가? 비구들이여, 여기 바로 그 소녀가 나중에 여든이나 아흔이나 백 살이 되어 늙어서 서까래처럼 굽고, 꼬부랑하게 되고, 지팡이에 의지하고, 덜덜 떨면서 걷고, 병들고, 젊음은 가버리고, 이가 부서지고, 머리털은 백발이 되고, 머리털이 빠지고, 대머리가 되고, 주름살이 늘고, 사지에 검버섯이 생기는 것을 보게 될 것이다. 비구들이여, 이를 어떻게 생각하는가? 이전 그녀의 매력과 아름다움은 사라지고 재난이 드러난 것이 아닌가?"

"그렇습니다, 세존이시여."

"비구들이여, 이것이 물질의 재난이다."

20. "다시 비구들이여, 바로 그 소녀가 병들고 고통받고 중병이 들어 자기의 똥오줌에 주저앉거나 드러눕고, 다른 사람의 도움으로 일어서고 앉게 되는 것을 보게 될 것이다. 비구들이여, 이를 어떻게 생각하는가? 이전 그녀의 매력과 아름다움은 사라지고 재난이 드러난 것이 아닌가?"

"그렇습니다, 세존이시여."

"비구들이여, 이것이 물질의 재난이다."

21. "다시 비구들이여, 바로 그 소녀의 시체가 묘지에 버려져, 죽은 지 하루나 이틀 또는 사흘이 지나 부풀고 검푸르게 되고 문드러지는 것을 보게 될 것이다. 비구들이여, 이를 어떻게 생각하는가? 이전 그녀의 매력과 아름다움은 사라지고 재난이 드러난 것이 아닌가?"

"그렇습니다, 세존이시여."

"비구들이여, 이것이 물질의 재난이다."

—「괴로움의 무더기 긴 경」(M13)

내 친구 영식이 이야기

: 행복하다고 느끼지 못하는 이유

내 친구 이름은 김영식(가명)이다. 내 친구 영식이는 소위 말하는 고위직 공무원이다. 명문고등학교를 나오고, 나름 명문대학을 나와 공직 생활을 오랫동안 해왔고, 부인도 고위직 공무원이다. 한강이 보이는 60평형 아파트를 가지고 있고, 고급 외제 차도 가지고 있다. 아들이 하나 있는데 독립심이 강해서 잘 살아가고 있다. 장인어른은 서울에 빌딩을 몇 채나 가지고 있는, 조물주보다는 더 높다는 건물주다. 장인어른이 이번에 재산의 명의를 자식들에게 옮겨준 것으로 알고 있다. 부부는 주말에 자주 골프를 치러 다니고 같이 술을 자주 마신다고 한다. 친구들과 친척들은, 다른 사람은 몰라도 영식이만은 세상 아무 걱정이 없고, 가장 행복할 것이라고 알고 있다.

그런 영식이가 하루는 같이 점심을 먹다가 나에게 물어왔다. 너는 행복하냐고, 너는 무엇을 추구하면서 살고 있냐고 다소 진지하게 물어왔다. "야! 영식이 네가 뭔 걱정이 있다고 나한테 그런 질문을 해?"라고 반문을 했는데, 영식이는 자기는 행복하지 않다고 이야기하면서 저녁에 술 먹는 낙으로 산다고 했다.

왜 영식이는 행복하지 않다고 느끼는 것일까? 40년 전에 미국으로 건너갔다가 얼마 전 한국으로 돌아온 지인의 이야기를 들었는데, 그는 우리나라의 눈부신 발전으로 다들 행복하게 산다고 생각했다고 한다. 그런데 만나는 사람마다 행복하지 않다는 이야기를 듣고는 적잖게 놀랐다는 것이다.

이 사실은 행복의 척도가 물질적 기준이 아니라는 것을 보여준다. 자본주의가 발달할수록, 즉 느낌 과 탐욕 을 추구하면 할수록 우리는 더 고통스러워진다. 이것의 이유는 우리의 마음에 갈애 라는 심리 현상이 있는데, 이 갈애 는 만족을 모르고 끊임없이 무언가를 요구하기 때문이다. 그래서 갈애가 남아있는 한 우리의 삶은 늘 불만족스럽고 행복하다고 느끼지 못한다는 것이다.

갈애 는 목마름을 특징으로 한다. 그리고 그 갈애 는 원초적인 흥분 상태인 들뜸 이라는 심리 현상과 늘 같이 붙어 다닌다는 사실이다. 이것이 내 친구 영식이를 행복하지 않다고 느끼게 하는 근본적인 이유이다.

우리 삶은 늘 뭔가 만족스럽지 않고 동요되어있다. 그리고 이러한 심리 상태가 태어나면서부터 죽을 때까지 유지된다. 그래서 이러한 상태를 불교에서는 **괴로움(苦)**의 진리라고, 진리의 하나로 밝

히고 있다. 이 괴로움을 서양에서는 불만족 등으로 옮긴다.

어떤 것을 해도 만족스럽지 않다. 그래서 불만족이고 그래서 **괴로움(苦)**인 것이다. 대부분 사람이 행복하지 않다고 느끼는 것은 불교적 입장에서 본다면 진리인 것이다. 그러나 대부분의 사람은 이 진리를 자각하지 못하고, 혹은 어렴풋이 느끼지만 외면해버린다. 그리고 즐길 거리를 찾아 나선다. 늙음과 병듦과 죽음과 다시 태어남을 외면한 채, 갈애와 들뜸에 다시금 자기 몸을 맡기고 있는 것이다.

> 무엇을 웃고 무엇을 기뻐하랴.
> 세상은 항상 불타고 있는데,
> 어둠에 휩싸여서
> 그대 어찌하여 등불을 찾지 않는가!
>
> —『법구경』(Dhp {146})

적지 않게 가졌음에도 행복하지 않고, 무엇을 하고 어디를 돌아다녀도 만족스럽지 않게 느껴진다면 이제 당신은 진리 앞에 마주 서고 있는 것이다. 운 좋게 진리 앞에 마주 선 당신은, 이제 이 진리의 등불을 찾아 나설 것인가? 아니면 다시 스마트폰을 들고 친구에게 전화해서 약속을 잡고, 여행 계획을 세우고 하면서 **갈애**

와 들뜸 이라는 불완전한 행복을 선택할 것인가? 선택은 당신의 몫이고, 결과 역시 당신의 몫일 것이다.

골프를 좋아하고 술을 좋아하던, 세상 부러울 것 없는 내 친구 영식이가 자기가 살아온 삶이 행복하지 않음을 자각하고 등불을 찾아 나서기로 했다고 한다. 감각적 욕망이 난무하는, 눈 한 번 돌리면 즐길 것이 가득한 이 자본주의 세상에서 불교적 관점으로 삶을 살기란 쉽지 않다. 그런데도 등불을 찾아 나서기로 한 내 친구 영식이의 결정에 찬사를 보낸다. 나와 세상이라는 짐을 벗어버리고 진정한 행복을 찾아 나서는 영식이가 더없이 행복한 결과를 받게 되기를 발원한다.

매트릭스의 빨간약

우리 몸은 100조 개의 세포로 이루어져있고, 1개의 세포는 100조 개의 원자로 구성되어있다고 한다. 그리고 그 원자는 원자핵과 전자로 구성되어있는데, 이것의 크기를 비유하면 이렇다. 원자를 잠실운동장 크기로 키운다면 운동장 중간에 있는 원자핵은 탁구공 크기 정도이고, 잠실운동장 가장자리를 돌고 있는 전자는 탁구공 크기의 10만 분의 1 크기라고 한다. 나머지는 비어있다. 이 비어있음을 뺀 우리 몸의 실제 크기는 이렇다.

우리 몸의 실제 크기

. (소금 알갱이 크기)

당신이 아침마다 씻기고, 먹이고, 재우고, 애지중지하는 당신의 실제 크기는 소금 알갱이만 하다. 이것이 당신의 크기의 본질이다. 그리고 우리 70억 인류를 저 크기로 다 모으면 사과 하나 정도의 크기가 된다. 이것이 과학이 보는 세상의 실제 크기이다.

그러면 눈앞에 크게 보이는 빌딩이나 큰 버스는 무엇인가? 무지개를 본 적이 있는가? 공기 중의 수분이 빛에 굴절되어서 여러 가지 색깔로 보이는 것을 우리는 무지개가 있다고 인식한다. 그렇듯이 빌딩이나 버스는 빛이 반사되어서 우리 눈에 들어온 것을 우리는 개념으로 해석한다. 빌딩, 버스라고 의미를 둔다.

물 온도를 재기 위해 온도계를 넣으면 온도계의 영향으로 재고자 하는 물의 온도는 변해버린다. 즉 관찰자 혹은 관찰의 영향으로 변해버리기에 실재를 파악할 수 없다는 뜻이다. 즉 우리가 바라보는 세상은 해석의 영역이지 본질의 영역은 아니다.

그래서 세상은 아무런 의미를 가지고 있지 않고, 각자가 둔 의미로서 세상을 경험하고 있다고 하는 것이다.

영화 『매트릭스』에 나오는 캡슐 안에 있는 인간들은 가상의 세계에 살고 있으면서 현실 세계에 살고 있다고 착각하며 살아가는 존재들로 묘사된다. 마치 실재하지 않는 무지개를 보고 있다고 생각하고, 영화관에서 스크린 위의 필름들을 보면서 그것들이 실재인 양 인식하고 웃고 울고 하고 있고, 종일 거의 TV 혹은 스마트폰 화면에 나타나는 무수한 점들의 깜빡임을 세상인 양 인식하고 착각하는 우리들의 모습이 매트릭스의 캡슐 안의 존재와 무엇이 다른가?

영화 『매트릭스』에서는 빨간 약을 먹으면 가상 세계에서 깨어날 수 있다고 묘사한다. 불교적 관점에서 본다면 빨간 약은 본질에 대한 통찰이다. 우리는 생각 속에 살고 있고, 이 생각들의 본질이 무상, 고, 무아라고 통찰한다면 우리는 실체가 없는 생각의 세상에서 벗어날 수 있다는 것이다.

당신은 나라는 생각, 자식이라는 생각, 세상이라는 생각 등 온갖 생각 속에 얽혀서 살고 있다. 마치 『매트릭스』의 캡슐 안에서 사육되는 사람처럼 말이다. 그러나 나라는 생각을 해체하면 나는 정신과 물질의 한 찰나 무상한 현상일 뿐이라는 것을 통찰할 수 있다. 이 통찰이라는 빨간 약을 먹으면 당신이 『매트릭스』의 세계에서 벗어날 수 있듯이 불교도 이 윤회의 세계에서 벗어나 해탈이라는 궁극적 행복으로 갈 수 있다고 가르치고 있는 것이다.

지금 당신 앞에 빨간 약과 파란 약이 있다. 파란 약을 먹으면 그냥 이 세상이 살 만한 의미가 있고, 내가 있고, 나의 재산들이 있는 것처럼 보여서 나는 행복하고 행복할 것이라고 계속 믿게 될 것이다. 빨간 약을 먹으면 우리는 생로병사라는 고통과 살면서 겪는 온갖 행위들의 불만족성 그리고 그러한 과정을 계속 되풀이해야 하는 윤회라는 감옥에 갇혀있다고 자각하게 될 것이다.

당신은 빨간 약을 먹을 것인가, 파란 약을 먹을 것인가?

당신도 전생을 알 수 있다?

애벌레와 누에고치와 나비는 같은 개체인가, 다른 개체인가? 불교에서는 이 개체를 같다고도 하고 다르다고도 한다. 같다는 것의 의미는 애벌레를 조건으로 누에고치가, 누에고치를 조건으로 나비가 되었기 때문에 한 개체의 흐름으로 봤을 때는 같다고 하는 것이고, 다르다고 하는 것은 모양 자체가 완전히 변해버렸기 때문에 다르다고 하는 것이다. 이것이 사실상의 윤회이다.

인간의 세포는 7년이면 뼈까지 모두 바뀌는 과정을 거친다고 의학자들은 이야기한다. 유물론적인 입장에서 본다면 7년 전의 당신과 지금의 당신은 다른 물질이다. 어린 아기와 나이가 80이 된 노인은 같은 존재인가 다른 존재인가? 역시 같기도 하고 다르기도

하다. 같은 것은 하나의 개체의 흐름이 지속된다는 것이고, 다른 것은 모습이 완전히 바뀌었다는 것이다.

기어 다니는 애벌레가 날아다니는 나비가 되듯이, 걸어 다니는 사람이 네 발로 걷는 돼지가 될 수 있다는 것에 의문을 가질 필요는 없다. 더욱이 7년 만에 몸이라는 물질이 모두 바뀐다면 당신이 10년이나 20년 전을 떠올리는 것은 사실상의 전생을 기억하고 있는 것이다.

불교는 윤회를 이야기한다. 윤회는 전생, 금생, 내생의 흐름이다. 이것은 우리가 사는 이 현상계의 변화를 말한다. 봄에 꽃이 피고 열매를 맺고 다시 시들고, 달걀이 병아리가 되고 닭이 되고, 애벌레가 나비가 되는 삼라만상의 변화를 윤회라고 할 수 있다. 만약 모든 것이 변하지 않고 고정되어있다면 세상은 정지 상태일 것이다. 당신의 배 속에 있는 똥이 배 속에 계속 있다고 생각해보라. 상상이 되는가? 그래서 불교의 가르침은 'be'가 아니고 'becoming'이다.

그렇다면 윤회, 즉 계속 되게 만드는 원인은 무엇인가?
무엇이 우리를 계속 태어나게 하는가?

불교에서는 그것은 바로 **갈애** 라고 말한다. 탐욕과 같은 말이고, 그것이 강화되면 집착으로 이어진다. 집착하는 그 힘! 그것이 바로 우리를 계속 태어나게 한다는 것이다. 우리는 지금 이 순간에도 세상에 온갖 의미를 부여하면서 탐욕을 강화하고 있다. 여행을 가고, 남들보다 더 좋은 집에 살고자 한다. 더 좋은 차를 가지면, 통장에 돈이 많이 있으면 더 행복할 거라는 생각을 가지고 탐욕을 강화하고 있다. 이러한 생각, 행동들은 다 업을 쌓는 과정들이다. 그리고 그 업은 습관이고 되고, 업식이 되어서 죽을 때까지 그 의미를 놓지 못하는 것이다.

이제 우리에게 죽음이 다가온다. 죽을 때 10원짜리 하나, 옷 한 벌 가져가지 못하면서 내 재산이라는 생각에 집착하고 그것을 움켜쥔다. 그 움켜쥠의 힘, 갈애는 다시금 존재의 몸을 받게 한다. 그리고 다시 태어나서 본질을 꿰뚫지 못한 채 살면서 온갖 의미를 붙여 업을 짓는다. 그리고 다시금 죽음을 맞이하고, 그 업의 힘으로 또 태어난다. 이것이 윤회이고, 이 윤회의 가장 큰 원인은 갈애인 것이다.

이 삶이 만족스럽지 않고, 뭔가 모를 불안으로 동요됨을 느꼈다면 다시 태어난다는 사실을 생각해야 한다. 다시 태어나서 다시 학교에 가고, 공부를 하고, 직장을 얻고, 결혼하거나 혼자 살아가

다가 늙어서 다시 요양병원의 고객으로 돌아가야 한다면, 그것이 행복인지 괴로움인지 말이다.

　윤회의 본질은 변화이다. 그것에 대해 신비스럽게나 의문스럽게 생각할 필요는 없다. 윤회는 지금도 당신의 몸과 삼라만상에 일어나고 있는 것이기 때문이다.

낚싯바늘에 걸린 손가락

고기를 낚는 즐거움은 짜릿한 손맛에 있다. 손맛이 느껴졌다면 물고기는 고통스러워서 파닥파닥거리고 있다는 뜻이다. 그리고 그 파닥거림에 야릇한 희열 역시 느껴질 것이다.

불교에서는 출가자가 재가자로부터 음식을 제공받을 때, 예를 들면 다음의 경우에는 출가자가 고기를 먹는 것을 금한다.

1. 자신을 위해서 닭을 잡고 있는 것을 보았다.
2. 닭을 먹는데, 자신을 위해서 잡은 닭이라는 말을 들었다.
3. 닭을 먹는데, 말은 안 했지만 나 때문에 잡은 것이라는 의심이 든다.

불교는 원인과 결과의 가르침이기 때문에 가장 중요한 것은 내가 원인을 지었느냐, 안 지었느냐가 핵심이다.

나는 초등학교 때 낚시에 가서 미끼를 걸다가 내 손가락에 바늘을 찔린 적이 있었다. 낚싯바늘은 걸면 빠지지 않게 만들어져있다. 손가락에 바늘이 빠지지 않아서 물에 불려서 확 잡아당겼는데, 살점이 떨어져 나갔다. 그날 이후로 물고기 아가미에서 고기를 뺄 때 나의 고통이 생각이 나서 낚시를 그만두었다. (손맛을 느끼기 위해 물고기를 잡았다가 놔주는 취미형 낚시도 물고기에게는 좋지 않은 영향을 미친다는 연구 결과가 나왔다. 캐나다 알버타대학와 미국 UC리버사이드 공동 연구진은 낚싯바늘에 걸려 물고기 입 주변에 상처가 생기면 다시 놓아준다 하더라도 먹이를 잡는 능력이 떨어진다고 밝혔다. 연구 결과는 국제학술지 『실험 생물학 저널』 최신 호에 게재됐다. 「낚싯바늘에 걸린 물고기의 입 주변에는 종종 심각한 상처가 발생한다」)

누군가 당신 입에 낚싯바늘을 끼워서 이리저리 끌고 다니다가 빼고는 다시 놓아준다. 그리고 좋은 일 했다고 하면 당신은 그 고통을 참아낼 수 있겠는가? 불교는 업과 과보를 근본으로 한다. 살생의 행위에는 반드시 그 과보가 온다고 한다. 우선 당신은 물고기든 뭐든 살아있는 것을 죽이게 되면 그 업의 영향으로 축생으로 태어날 확률이 굉장히 높고, 사람으로 태어나더라고 수명이 굉장히 짧은 삶을 살게 될 것이라고 한다.

불교에서는 다음 생을 결정짓는 것은 죽기 직전 마지막 마음의 대상이라고 한다. 당신이 죽을 때 물고기가 낚싯바늘에 걸려 파닥이는 것이 보인다면 물고기로 태어날 확률이 높고, 유익하고 자비로운 일을 한 것들이 떠오른다면 인간계나 천상계로 갈 확률이 높아진다는 것이다. 유유상종이라는 말이 있듯이 좋은 마음을 내는 사람들은 좋은 사람들끼리 모이고, 악한 일을 하는 사람들은 범죄자들끼리 모이듯이 당신의 마음 상태에 따라 태어날 곳이 결정된다는 것이다.

낚싯바늘에 걸려 올라온 파닥거리는 물고기를 보거나 살아있는 생명이 당신 때문에 죽어가는 모습을 볼 때, 행여 이것이 나의 모습이 되지 않을지 깊이 사유해야 할 것이다.

경전을 인용한다.

"모든 존재는 폭력에 떨고,
모든 존재는 삶을 사랑한다.
이 보기를 자기에게 적용하여
남을 죽이거나 죽이게 하지 말라."

—『법구경』(Dhp {130})

"자기의 행복을 추구하면서
행복을 염원하는 존재들을
폭력으로 해코지하는 자는
저 세상에서 행복을 얻지 못하리."

–『법구경』(Dhp {131})

"자기의 행복을 추구하면서
행복을 염원하는 존재들을
폭력으로 해코지하지 않는 자는
저 세상에서 행복을 얻게 되리라."

–『법구경』(Dhp {132})

업과 과보

: 금수저, 흙수저

불교의 가르침은 윤회를 전제로 하고 있다. 앞장에서도 이야기했듯이 윤회라는 것은 변화의 과정이고, 이것은 전에 있던 원인으로 인하여 현재의 결과가 발생하는 것을 이야기하고 있다. 맛있는 사과가 열리기 위해서는 적당한 햇빛과 수분과 영양분이라는 원인이 있어야 한다. 비가 많이 오거나 일조량이 적으면 사과는 맛이 없어져버린다.

전생에 나라를 구했다는 말을 들었을 것이다. 복이 많은 사람에게 하는 이야기다. 그 사람은 전생에 나라를 구한 것이 아니라 많은 사람에게 베풂이라는 원인을 쌓았을 것이다. 돈이 없어도 따뜻한 말로서, 미소로서 베풂을 행하였을 것이고, 누구보다 친구들에게 밥을 잘 사는 친구였을 것이다. 그러한 행위, 즉 업의 과보로 부잣집에 태어나서 나름 편하게 살고 있을 것이다.

이러한 이유가 아니면 세상에 만연한 불공평을 당신이 설명할수 있겠는가? 건강한 부모 밑에서 장애아가 태어나고, 같은 부모 자식인데 성격이 너무나 다르고. 심지어 나쁜 짓을 하고 있는데 잘 먹고 잘살고 있고, 착하게 열심히 사는 데도 하는 일마다 되는 게 없다면 전생의 업에 영향을 받고 있다고 해야 할 것이다. 신동이라 불리는 어린이들을 볼 때 '전생 업식의 발현이다.'라고 설명하는 경우도 그런 이유 때문일 것이다.

불교는 업과 과보로 이어지는 흐름, 즉 윤회를 근본 가르침으로 한다. 이 흐름을 이해한다면 현재 삶의 결과들이 이해되고, 미래의 삶에 대해서도 희망을 품을 수 있을 것이다.

업의 의미는 의도적 행위이다. 과보는 업에 관한 결과들이다.

예를 들어 당신이 지금 영어 단어 100개를 매일 외우겠다는 업을 짓는다면 결과로서 영어 단어를 전보다 많이 알고 있는 사람이 될 것이다.

쉽게 말하면 업은 습관이라 할 수 있고, 습관이 바뀌면 인생이 바뀌는 것이다.

당신이 흙수저라면 부모를 원망할 필요는 없다. 부모에게는 몸만 빌렸을 뿐, 현재 가난하게 살아갈 원인은 당신 스스로 지었을 것이다. 그러나 절망할 필요는 없다. 불교가 희망적인 것은 원인을 알았기에 결과를 바꿀 수 있다는 것이다. 앞으로 일어날 과보, 즉 살아가면서 가난함, 고달픔 등이 찾아온다면 다 내 탓이라고 받아들여

라. 그렇지 않고 현재 상황에 다시금 성냄 을 낸다면 다시금 업을 짓는 것이 되어서 더 나쁜 결과를 초래하게 될 것이다.

불교를 만나고 절실히 느낀 것은 업과 과보였다. 야반도주하고 불교를 만난 후 많은 고통스러운 일을 당했는데, 그중에도 가장 고통스러웠던 일은 H 엘리베이터와 공사 계약을 하기 전의 산재 사건이었다. 사당역에서 밤에 공사할 때였다. 그 현장에 석재 기술자 한 명이 돌을 자르는 기계에 다리를 다쳤는데, 병원에 드러누워서 과도한 합의금을 요구하면서 나를 힘들게 했다. 업과 과보의 지혜가 없었다면 나는 그 사람과 싸웠을 것이지만 나는 밤새 야간 일을 하고, 잠을 한숨도 못 잔 상태에서, 그 사람이 있는 병원에 찾아가 용서를 구하고 친절함으로 두 달을 버텼다. 돌이켜보면 그 사람에게 용서를 구한 게 아니라 나의 지난 삶에 대한 용서를 구함이었다. 많은 사람에게 금전적, 정신적 피해를 주고, 나의 무지와 욕심으로 가족들과 형제들이 고통을 당한 것, 즉 나의 업에 대한 용서를 구함이었다.

업은 과보를 낳는다. 그것이 현재 당신의 삶이다.

당신은 흙수저인가? 그렇다면 흙수저가 될 만한 원인을 지었을 것이다. 겸허히 받아들이고 새로운 업을 쌓아나가라. 그러면 머지 않은 날 금수저가 되어있을 것이다. 당신은 금수저인가? 과거 유익한 업의 결과들을 받고 있는 것이다. 그러나 두려워하라. 그 유익한 업의 과보를 다 받고 나면 당신은 다시 흙수저가 될 수 있다. 지금 유익한 업을 계속 짓지 않는다면 말이다.

유익한 업, 해로운 업

　인류는 약 5,000년 동안 1만 4,500번의 전쟁을 치렀다고 한다. 이 말의 뜻은 인류의 역사는 전쟁의 역사이고, 남을 죽여야 내가 사는 약육강식의 세계, 즉 짐승들의 세계와 별반 다를 바 없었다는 것이다. 여기에 법과 원칙은 상황에 따라 무너지고, 정의라는 것 역시 힘의 논리 앞에 무너진다. 사람을 많이 죽일수록 영웅이 된다. 믿음이 다르다는 이유로 폭탄을 안고 상대방을 죽인다.

　선과 악은 무엇이고 정의는 무엇인가?

　경전을 인용한다.

"사람은 그가 할 수만 있으면 약탈을 일삼도다.
남들이 그를 약탈할 때 약탈자는 다시 약탈을 당하도다.

어리석은 자 죄악이 익기 전에는 그것을 행운의 원인이라 생각하지만 죄악이 익을 때에는 어리석은 자 괴로움에 빠지도다.

죽이는 자는 [또 다른] 죽이는 자를 만나고 승리자는 [또 다른] 승리자를 만나며, 욕하는 자 [또 다른] 욕하는 자를 만나며, 격노하는 자 [또 다른] 격노하는 자를 만나나니 업은 이처럼 돌고 돌아서 약탈자는 또 다른 약탈자를 만나도다."

–「전쟁 경」2(S3:15)

불교적으로 본다면 우리가 사는 세상은 욕망이 지배하는 욕계 세상이다.

여기에는 **탐욕**, **성냄**, **어리석음**이라는 정신적 현상이 주를 이룬다. 이 욕계 세상에서 말하는 '착하다', '나쁘다'의 개념은 상대적이다. 그 나라에서 착한 사람이 다른 나라에서는 나쁜 사람이 될 수 있다. 독립투사, 전쟁 영웅 다 착한 사람이면서 나쁜 사람이다. 그래서 불교의 기준은 완전한 행복, 즉 열반 혹은 다시 태어나지 않음이라는 것에 기준점을 둔다. 다시 태어나지 않는 행위에 도움이 된다면 유익한 업을 짓는 것이고, 다시 태어남을 촉진하는 것은 해로운 업을 짓는 것이라고 한다.

예를 들어 **탐욕**은 뭔가를 갈구하고, 이 세상과 내가 존재한다고 믿고 그것들을 탐한다. 그 힘으로 우리는 다시 태어난다. 해로운 것이다. 심지어 건전해보이는 골동품 수집, 예술적 행위들 모두 탐욕을 실어 나르기에 해로운 업을 짓는 행위라는 것이다.

반대로 마음 챙김 , 지혜 라는 정신적 현상은 이 세상은 실재하지 않는 것이며, 본질은 무상, 고, 무아라서 잡을 것도, 탐할 것도 없다고 인식하면서 다시 태어나지 않음에 도움을 주기에 유익한 업을 짓는 행위라고 한다.

또한, 유익한 업은 금생과 내생에도 행복하게 살 수 있는 원인을 제공한다.

그중에서 5계는 반드시 지켜야 하는 것으로 불교는 가르치고 있다.

1. 살아있는 생명을 죽이지 마라.
2. 주지 않는 것 가지지 마라.
3. 거짓말을 하지 마라.
4. 삿된 음행을 하지 마라.
5. 술과 중독성 물질을 섭취하지 마라.

특히 5계를 잘 지키면 금생에서 유익한 과보를 많이 경험할 수 있다.

고백하자면 불교 공부를 하면서도 5계를 지키지 못했다. 특히 술은 남에게 해를 끼치지 않는 만큼 마시는 데도 계율로서 금하는 것을 이해하지 못했다. 어느 날 술을 끊게 된 계기가 있었는데,

술을 끊고부터 사업과 나의 삶이 달라지는 것을 느꼈다. 우선 술을 먹지 않고 출근하면 힘이 나고, 일을 처리하는 데 있어서고 빠르고 정확해지는 것을 느꼈다. 그리고 건강에 도움이 되었고, 술을 먹고 2차, 3차로 이어지는 실수도 없어졌다. 돌이켜보면 인간관계를 유지하기 위해 혹은 사업을 더 성공적으로 이끌기 위해 술을 마신다는 것은 다 핑계였다. 본인이 술을 먹고 싶어서 관계를 맺은 것이었다. 술을 끊고 난 후, 사업은 빠르게 확장되었다. 이것이 5계라는 유익한 업의 과보라고 확신한다.

그리고 이 책의 지면을 빌려 살아오면서 잘못된 계행으로 인연이 된 모든 사람에게 참회와 용서를 엎드려 구한다.

콩 심은 데 콩 나고, 팥 심은 데 팥 난다. 유익한 업은 유익한 과보를, 해로운 업은 해로운 과보를 가져온다. 우리가 사는 세상은 오로지 원인과 결과의 연속일 뿐이다. 여기에 신도, 구원도, 행운도 없다. 행복해지고 싶으면 거기에 걸맞은 원인을 심으면 된다. 당신이 현재 불행하다고 생각한다면 이 불행의 결과는 당신이 행한 행위들의 결과라는 업과 과보의 지혜를 이해하고, 다시금 유익한 업을 지어 나가면 되는 것이다.

이것이 불교가 희망적인 이유이다.

신의 완벽함과 업의 완벽함

: 화산의 짐꾼

어떤 신이 있어 그 신을 믿고 따르면 모든 것을 정해주고 해결해 준다.

간단해서 좋고, 일견 모든 것을 해결해주니 완벽해 보인다.

그 신의 자리에 업이라는 것을 넣으면 어떻게 될까? 불교에서 업은 의도적 행위이고, 그 행위에는 반드시 결과가 따른다고 한다. 내가 한 행위에 대해 내가 결과를 받아야 하니 너무나 당연하고 합리적이고 공평하다.

불교는 현재 당신 앞에 나타난 세상을 과보로 인해 나타난 세상이라고 한다. 지금 당신의 삶이 고통스럽다면 해로운 업의 과보고, 지금 당신의 삶이 나름 행복하고 즐겁다면 유익한 업의 과보라는 것이다. 그 업은 전생에 혹은 그보다 훨씬 오래된 전생에 지은 것도 지금의 생에서 지은 업도 있다.

중국에 해발 2,000m가 되는 화산이라는 산이 있다. 여기에 60kg 정도 무게의 짐을 지고 산꼭대기까지 날라서 생계를 유지하는 짐꾼들이 있다. 그 무거운 짐을 지고 가는 짐꾼들은 매 순간의 발자국이 고통일 것이다. 즉 해로운 과보가 계속 나타나고 있다는 것이다. 그리고 용광로나 뜨거운 숯불 가마 앞에서 일하는 사람들 역시 많은 순간 뜨거움이라는 고통을 과보로 받고 있을 것이다.

무엇 때문에 누구는 짐을 지고 산을 오르는 고통을 당하고 있고, 누구는 뜨거운 불길 앞에서 고통을 당하고 있는 것일까? 만약 어떤 신이 있어 그렇게 명령했다면 너무 억울하지 않는가? 아무 잘못도 하지 않은 당신에게 뜨거운 불길 앞에 고통을 준다면 말이다.

자업자득, 인과응보, 업보라는 말을 들었을 것이다. 몇십 년째 주식을 하는 지인이 있다. 그는 늘 주식 때문에 괴로워한다. 누가 그를 괴롭게 했는가? 다름 아닌 탐욕이라는 업을 지었고, 그 업의 과보로 그는 고통을 받고 있다. 그가 주식을 하지 않았다면 그에게는 고통도 없었을 것이다. 그러나 그 지인은 무지(無知) 때문에 아무 원인도 모른 채, 왜 고통인지도 모르고 살아간다. 마치 길을 걷는 장님처럼, 똥을 가지고 노는 어린아이처럼.

이것이 대부분 우리의 삶이다. 업을 짓고 과보를 받고를 반복하고 있는 줄도 모른다. 그러나 업은 우리의 의지와는 상관없이 한

치의 오차도 없이 과보를 낳는다. 콩을 심으면 콩이 나고 팥을 심으면 팥이 나듯이 완벽하게 결과를 가져온다.

이것이 업의 완벽함이다. 합리적이고 공평하지 않은가! 그리고 다행인지 불행인지 모르지만, 이 완벽함으로 인해 당신도 천상의 신이 될 수 있다고 한다. 불교에서는 유익한 업을 많이 지으면 인간계보다 훨씬 더 수승한 천상 세계라는 곳으로 태어난다고 한다. 그곳의 존재들을 불교에서는 신들이라고 칭하고, 그들은 인간보다 훨씬 더 행복한 삶을 유지한다고 이야기한다. 단, 그들도 유익한 업의 과보로 태어난다는 것이다. 반대로 해로운 업을 많이 지으면 지옥이나 축생 등으로 태어난다는 것이다. 화산을 오르는 짐꾼의 발자국이나 뜨거운 용광로와 숯불 앞에서 일하는 것, 그 순간의 고통은 지옥이나 마찬가지일 것이다. 그리고 이 고통이 길어지는 곳을 불교에서는 지옥이라고 한다.

자, 어떠한가?
업이 완벽한가, 신이 완벽한가?
선택은 당신의 몫이다. 불교는 길을 가르쳐줄 뿐이다.

당신을 행복하게 해주는 '열 가지 유익한 업'이다.

1. 살생하지 마라.

2. 주지 않는 것 가지지 마라.

3. 삿된 음행을 하지 마라.

4. 거짓말을 하지 마라.

5. 중상모략하는 말을 하지 마라.

6. 욕설을 하지 마라.

7. 쓸데없는 말을 하지 마라.

8. 탐욕에 젖지 마라.

9. 악의를 갖지 마라.

10. 그릇된 견해를 갖지 마라.

우리가 지은 모든 행위에는 결과가 따라온다.

경전을 인용한다.

마음은 모든 것을 앞서가고

마음은 그들의 으뜸이며 마음을 통해 그들은 구체화 된다.

만일 타락한 마음으로 말하거나 행동을 하면

그 때문에 괴로움이 그를 따르게 되나니

수레바퀴가 소 발자국을 따르는 것처럼.

－『법구경』 첫 번째 게송(Dhp {1})

요양병원의 미래 고객들에게

아무리 돈이 많아도, 아무리 건강해도, 아무리 용모가 아름다워도 우리는 늙음과 죽음을 피할 수 없다. 그리고 원하든 원하지 않든 우리는 요양병원의 고객들이 되어있을 것이다. 그런 의미에서 가난하든 부자든, 미워했든 사랑했든 우리는 같은 목적지를 향해 같이 가고 있는 동지들이다. 다 이해하고 용서하고 내려놓아라.

그리고 그 요양병원의 병상에는 부인, 남편, 자식, 친지, 친구 등 당신과 늘 같이 지냈던 친한 사람들은 같이 있지 않을 것이다.

여기 밑에 나오는 「화살 경」(Sn3:8)은 『숫따니빠따』라는 부처님 설법의 원형적 모습을 담은 경전에서 발췌한 글이다. 개인적으로 이 『숫따니빠따』라는 경전하고 인연이 많다. 인생의 가장 암울한 시기에 통장 평균 잔액이 15만 원 정도였고, 보증금 50만 원, 월세 23만 원에 바퀴벌레 친구가 많은 방에 5만 원짜리 중고 자전거가 전재산이었을 때, 늘 자전거를 타고 10여 km를 가서 월곶포구라는 곳의 벤치에서 읽은 경전이었다. 나는 이때 경험을 통해 행복의 척도가 돈도, 환경도 아니라는 것을 알았다.

그때는 모든 것을 내려놓은 상태였다. 아무리 좋은 집에서, 아무리 좋은 음식을 먹어도 나의 마음에 탐욕과 성냄이 있다면 나는 행복할 수 없을 것이다. 아래에 나오는 경은 죽음을 너무 슬퍼하는 사람에게 부처님께서 설하신 경이다. 천천히 읽으면서 깊이 음미하길 바란다.

「화살 경」(Sallasutta, Sn3:8)
(* 주석서에 의하면 본 경은 아들이 죽어서 칠 일을 먹지 못하고 비탄에 잠긴 재가자를 위로하기 위해서 설하신 가르침이다.)

"여기 죽어야만 하는 인간의 목숨은 정해진 표상이 없고 가련하고 제한적이어서 그것은 괴로움으로 점철되어 있구나!" {1}

"태어나서는 죽지 않으려 발버둥 치지만 그 방법이 없으니 늙음을 얻어 죽고 마는 것은 산 생명들의 당연한 법칙이기 때문이다." {2}

"익은 과일은 떨어지고야 마는 것, 거기에는 늘 떨어짐에 대한 두려움이 있다. 그와 같이 태어난 자들은 죽어야만 하나니 항상 죽음에 대한 두려움이 있도다." {3}

"마치 도기공이 빚은 질그릇은 모두 깨어지고야 마는 것처럼

죽어야만 하는 존재들의 목숨도 모두 다가 그러하도다.” {4}

“젊은이들도 늙은이들도 어리석은 이들도 현명한 이들도 모두
는 죽음의 지배를 받나니 모두는 죽음으로 귀결되도다.” {5}

“죽음에 제압되어 그들은 저세상으로 가나니 아버지가 아들을
보호하지 못하고 가족은 가족을 구하지도 못한다.” {6}

“죽어야만 하는 저들 각각을 보라! 가족들이 지켜보고 울부짖
지만 도살장으로 끌려가는 소처럼 하나하나 끌려가도다.” {7}

“이와 같이 세상은 죽음과 늙음에 두들겨 맞아 제압되어버린
다. 그러므로 슬기로운 자는 세상의 이치를 알아 슬퍼하지 않
는다.” {8}

“그대는 오거나 가는 자의 그 길을 알지 못하고 양쪽 끝을 보
지 못하면서 속절없이 슬피 울기만 하는구나.” {9}

“미혹에 빠진 자가 자신을 해치면서 슬피 운다고 해서 만일 어
떤 이익이 생겨난다면 지혜로운 자도 그렇게 하지 않겠는가.”
{10}

"참으로 울부짖고 슬퍼한다고 해서 마음의 평화를 얻지 못하나니 그럴수록 괴로움은 더욱더 생겨나고 몸만 더 망가지게 된다." {11}

"스스로가 자신을 해쳐서 몸이 여위고 흉측하게 될 뿐 그런다고 죽은 자들을 보호하는 것 아니니 비탄한들 아무 이익이 없도다." {12}

"사람이 슬픔을 버리지 못하면 점점 더 괴로움 속으로 빠져드나니 임종한 자를 두고 울부짖으면 슬픔의 지배를 받는 것일 뿐이다." {13}

"자기가 지은 업을 따라서 가는 저 다른 사람들도 보라. 죽음의 손아귀에 들어가 떨고 있는 여기 저 생명들을!" {14}

"이리저리 궁리한다 해도 그것은 다르게 되지 않는다. 사라지기 마련인 존재는 이와 같으니 세상의 이러한 이치를 보라!" {15}

"사람이 백 년을 살거나 비록 좀 더 산다고 하더라고 마침내 그는 가족의 무리를 떠나 여기서 이 수명을 버릴 수밖에 없다." {16}

"그러므로 공양받아 마땅한 분께 배워서 삶을 다하여 죽은 망자를 보고 '나는 더 이상 저 사람과 함께 할 수 없구나.' 하는 이러한 비탄을 길들여야 하도다." {17}

"불붙는 보금자리를 물로 끄듯이 통찰지를 갖추어 슬기롭고 현명하고 유익함을 아는 사람은 바람이 솜을 날려버리듯이 생겨난 슬픔을 즉시에 날려야 하노라." {18}

"자기의 행복을 추구하는 자는 비탄과 갈망과 근심이라는 자기에게 박힌 화살을 하나하나 뽑아내야 한다." {19}

"그는 화살을 뽑아내어 (갈애와 사견에) 의지하지 않고 마음의 평화를 얻는다. 그는 슬픔을 모두 건너서 마침내 슬픔 없는 적멸에 든다." {20}

— 「화살 경」(Sallasutta, Sn3:8)

*본질이란 무엇인가?

본질적인 측면에서 나와 세상이라는 것은 무상(無常), 고(苦), 무아(無我)이다.

나라는 몸뚱이는 변화하고 있다. 늙어가고 있다는 뜻이다.

예쁘고 젊었던 내 부인도 늙어가고 변하고 있다.

행복하고 즐거웠던 느낌들도 다 사라지고 없다.

새 아파트에 이사 왔는데 이제는 낡은 아파트가 되어있다.

모든 것은 변하고 있다. 영원하지 않다.

그래서 무상(無常)이다.

그리고 나라는 것은 늘 괴롭다.

배가 고파서 괴롭고, 잠이 와서 괴롭다. 배불러서 괴롭고, 배가 아파서 괴롭다. 화가 나서 괴롭고, 집착해서 괴롭다.

주삿바늘을 찌르니 아파서 괴롭다. **고통스러운 느낌은 그 자체로 괴롭다.**

처음에 먹을 때는 즐거웠는데, 조금 더 먹으니 즐거움이 사라졌다.

매번 그 즐거움을 찾아다니는 것 역시 괴롭다. **변해서 괴롭다.**

한 번 먹어서 배부르면 좋은데, 똥을 누고 나니 또 배가 고프다.

배가 고파서 밥을 또 먹어야 한다. 매번 이 짓을 하고 있으니 이 역시 괴롭다. **조건 지어져서 괴롭다.**

그래서 고(苦)이다.

내가 늙어감을 누가 지시했는가? 내가 내 마음대로 할 수 있다면 왜 주름진 얼굴을 만들어서 보톡스를 맞게 했겠는가? 이 늙어가고 변화하는 것을 시킨 사람은 누구인가? 그 사람은 당신도 아니고, 당신의 부모님도 아니고, 신도 아니다. 조건에 따라 변화하고 있을 뿐이다. 시킨 사람이 비었고 실체가 없다.

그래서 무아(無我)이다.

앞에서 살펴보았듯이 나는 오온이요, 세상은 12처라고 했다. 그리고 본질적으로 나와 세상은 구분되지 않는다고 했다. 그래서 나라고 하는 오온이 무상, 고, 무아이면 세상 역시 무상, 고, 무아이다. 그래서 이 삼라만상, 이 현상계가 모두 무상, 고, 무아인 것이다.

또한, 우리는 업으로서의 존재라고 했다. 업을 짓고 과보를 받는다. 그 업과 과보의 흐름이 윤회이다. 내가 있다면 내 마음대로 할 수 있기에 윤회라는 것을 하지 않으면 된다. 그러나 나라는 실체가 없기에, 조건 따라 결과가 발생하는 무아(無我)이기에 윤회한다는 것이다.

그리고 업에는 유익한 업과 해로운 업이 있다. 유익한 업은 우리를 행복하게 하고, 해로운 업은 우리를 불행하게 한다. 중요한 것은 유익한 업이든 해로운 업이든 무상, 고, 무아라는 본질에서 벗어날 수 없다는 것이다.

　그러면 왜 이렇게 무상, 고, 무아라는 본질을 강조하고 또 강조하는가? 그것은 바로 당신이 배웠고, 그렇게 알고 있고, 붙잡고 있는 생각의 세계를 해체해서 그것들을 놓아버리게 하기 위함이다. 당신은 세상이라는 이름을 배웠고, 그렇게 알고 있고, 붙잡고 있을 것이다. 또한, 오온이라는 정신과 물질을 나라고 배웠고, 그렇게 알고 있고, 또 그것이 나라며 붙잡고 있을 것이다. 이것을 오온으로 해체하고 무상, 고, 무아라는 본질로써 드러내면 당신은 더 이상 나와 세상이라는 집착과 짐을 내려놓을 수 있다는 것이다.

　변하고 있고, 괴롭고, 나라고 할 만한 것이 없는데, 무엇을 어떻게 지고 있을 수 있단 말인가?

　이것이 불교에서 말하는 '깨달음'이다.
　본질에 대한 통찰 그리고 내려놓음.
　그리고 완전히 행복해지는 것.

이것이 불교의 명쾌한 가르침인 것이다.

지금 당신이 지각하는 모든 것은 **무상(無常), 고(苦), 무아(無我)**
이다.

이것이 본질이다.

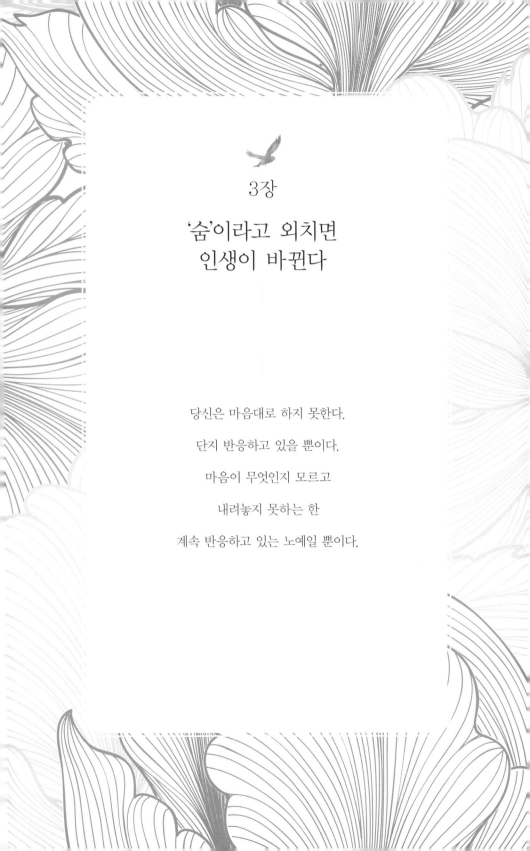

3장

'숨'이라고 외치면
인생이 바뀐다

당신은 마음대로 하지 못한다.

단지 반응하고 있을 뿐이다.

마음이 무엇인지 모르고

내려놓지 못하는 한

계속 반응하고 있는 노예일 뿐이다.

마음을 알고 내려놓는 방법

마음이 무엇인지, 어떤 과정을 거쳐 대상을 인식하는지, 그리고 우리는 어떻게 반응하면서 업을 짓는지, 또 과보는 어떻게 나타나는지에 대해 모른다면, 내려놓는다는 것은 한낱 말장난, 개념 놀이에 불과하다. 모르면 속는다. 알면 속지 않는다.

마음이 무엇인지 알게 되면 당신이 그동안 해온 많은 생각, 즉 짐은 한낱 허상들이요, 아지랑이요, 무지개 같은 실재하지 않는 것들임을 알게 될 것이다. 그리고 그 실재하지 않는 생각을 내려놓는 방법을 터득한다면 당신은 마음의 노예에서 벗어나 주인이 되고, 마음의 지배자가 되는 것이다. 이제 진정으로 내 마음대로 할 수 있다는 의미를 알게 된다는 것이다.

1. 마음이란 무엇인가?

불교에서 마음의 정의는 이렇다.

"대상을 아는 것."

마음은 대상을 아는 기능을 할 뿐 그 이상도 그 이하도 아니다. 마음이 아프다, 마음이 울적하다, 기분이 좋다, 기분이 나쁘다 할 때에도 마음은 일어난 것이다. 기분이 좋다는 것은 뭔가 대상을 통해 기분이 좋다는 것이고, 이때 마음은 그 뭔가를 알고 있다는 뜻이다.

신 오렌지를 떠올려보자. (반드시 따라 하기 바란다!) 신 오렌지가 생각이 났다면 마음은 신 오렌지를 알았다는 뜻이며, 마음이 일어났다는 뜻이다. 그리고 침이 고였다면 마음은 그 대상에 반응했다는 뜻이며, 이것 역시 마음이 일어났다는 것이다. 지금 책을 보고, 옆의 소리가 들리고 한다는 것은 현재 마음이 책이라는 대상을, 소리라는 대상을 안다는 뜻이며, 마음이 일어났다는 의미이다.

중요한 것은 이 마음은 영원한 것이 아니며, 일어나면 사라진다는 것이다. 그리고 이 마음은 내가 일으키는 것이 아니라 조건에 의해서 일어난다. 소리라는 조건이 있기에 마음이 소리를 알 뿐이지 내가 아는 것이 아니라는 말이다. 지금 이 순간에도 여섯 가지 감각기관을 통해 한순간도 쉬지 않고 마음이 일어나고 있다.

2. 마음과 심리 현상

마음은 대상을 아는 것이라고 했다. 그러나 마음은 혼자서 대상을 아는 것이 아니라 심리 현상의 도움을 받아서 대상을 안다는 것이다. 우리는 이 책을 통해서 많은 심리 현상을 보았다.

느낌 은 대표적 심리 현상이다. 지금 손바닥을 꼬집어서 아픈 느낌이 일어났다면 마음은 아픈 느낌이라는 느낌의 도움으로 대상을 안다는 것이다.

인식 이 역시 대표적 심리 현상이다. 인식은 본 것, 들은 것, 맛본 것 등을 기억하고, 표시하고, 이름 붙이는 역할을 한다.

당신이 옛날 친구를 만나서 안다는 것은 인식이라는 심리 현상의 도움으로 마음이 친구를 안다는 것이다. 오래된 친구를 만나면 "어~ 어~?" 하면서 금방 기억이 떠오르지 않을 때는 인식 작용이 여러 번 일어났지만, 아직 명확하게 대상을 인식해내지 못하고 있다는 뜻이다. 이렇듯 마음은 심리 현상의 도움을 받아서 대상을 안다. 그리고 마음은 맑은 물과 같아서 해로운 심리 현상과 섞이면 해로운 마음이 되고, 유익한 심리 현상과 섞이면 유익한 마음이 된다.

3. 과보로 나타나는 세상(마음)

지금 당신 앞에 나타나는 모든 일은 과보로 나타나는 세상(마음)이다. 과보는 유익한 과보와 해로운 과보로 나눌 수 있고, 그 기준은 보통 사람들이 좋아하느냐, 싫어하느냐로 나눌 수 있다고 한다.

출근하다가 고소한 빵 냄새를 맡으면 기분이 좋다. 유익한 과보다. 똥을 밟았다. 해로운 과보다. 운전하는 데 앞차가 끼어든다. 해로운 과보다. 앞차가 바쁜 것 같아서 브레이크를 밟아서 끼어들기 편하게 해준다. 유익한 업을 지었다. 그리고 끼어든 앞차가 비상등을 켜면서 감사를 표시한다. 나도 기분이 좋다. 즉각적으로 나타나는 유익한 업의 과보다.

지금 나타나는 과보는 금생, 전생, 그 전생 등 중층적 원인으로 나타난다. 금생에 고통스러운 일이 많이 생긴다면 금생이든, 전생이든 다 해로운 업을 지은 과보라고 생각하면 된다. 과보는 반드시 받아야 한다.

4. 업을 짓는 마음

유익한 업은 유익한 과보를 가져온다. 그리고 유익한 업을 짓는 심리 현상 중 대표적인 것은 마음 챙김, 알아차림, 탐욕 없음, 지혜, 연민, 자애 등이 있다. 그중에 마음 챙김은 유익한 업을 짓는 마음에는 반드시 일어나는 심리 현상이다.

해로운 업은 해로운 과보를 가져온다. 탐욕, 성냄, 어리석음, 질투, 인색, 자만, 집착 등은 해로운 업을 짓는 대표 심리 현상이라고 할 수 있다. 그리고 우리는 살면서 대부분 해로운 업을 짓는 상태로 살고 있다. 뭔가를 탐욕 하지 않으면 성내고 있고, 그도 아니면 어리석음에 빠져 자각 하지 못하는 삶을 살고 있다. 그래서 늘 해로운 업의 과보로 우리 삶이 행복하지 않고 늘 불만족스럽다는 것이다.

5. 마음의 인식 과정

마음은 대상을 아는 것이라고 했다. 그리고 심리 현상의 도움을 받아서 대상을 안다고 했다. 다음은 마음에서, 즉 생각이 떠올라 서 인식하는 과정이다.

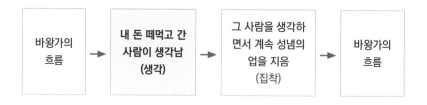

우리의 인식 과정 대부분은 생각이 떠올라서 하는 과정이고, 그 러한 생각들을 집착함으로 인해서 우리는 고통의 짐을 진다.

이것이 인식 과정을 이해해야 하는 이유이다.

내 돈 떼먹고 간 사람이 생각남 (생각)	나를 버리고 떠난 남자 혹은 여자 (생각)	나의 자존심을 건드린 상대방 의 말 (생각)	공부를 별로 안 하고 게으른 자식 걱정 (생각)	오지도 않은, 알 수도 없는 미래 (노후) (생각)	어제 백화점에서 본 옷, 가방 (생각)

여기서 가장 중요한 것은 우리가 평소에 자주하는 이런 생각은 실체가 없다는 것이다. 이 실체가 없는 생각에 **탐욕** 과 **성냄** 으로 **집착** 의 짐을 진다. 그리고 우울증, 불면증 등 자신을 고통으로 몰아넣는다.

6. 생각을 내려놓는 기술(행복의 터닝 포인트)

마음과 인식 과정을 어느 정도 이해했다면 생각이라는 허구를 내려놓는 방법을 알아야 한다. 내려놓기 위해서는 마음의 대상을 바꾸어주어야 한다. 마음은 대상을 아는 것이라고 했다. 그 마음의 대상을 중립적인 호흡이라는 대상으로 바꿔주는 것이다. 방법은 이렇다.

앞차가 끼어든다. 강하든, 약하든 성냄이 일어날 것이다. 이 순간에 "숨."이라고 외치면서 코끝의 호흡(오른쪽 검지를 인중에 댄다.)으로 마음을 보낸다. 간단하지만 이것이 전부다. 앞차를 대상으로 **성냄** 이 일어났다면 "숨."이라고 하는 순간 **마음 챙김** 과 **알아차림** 이라는 심리 현상이 호흡을 대상으로 하고 있게 된다.

내 돈 떼먹고 간 사람이 갑자기 생각이 난다.

보통은 으로

집착을 할 것이다.

그러나 우리가 내려놓는 방법을 안다면 이렇게 하면 된다.

내 돈 떼먹고 간
사람이 생각남
(생각) 이 생각이 나면 즉각적으로 **"숨."** 이라고 말을
하든, 마음속으로 외치든 "숨." 하면서 마음을 코끝의 호흡(오른쪽
검지를 인중에 댄다.)으로 보낸다.

대상이 바뀌었다. 돈을 떼먹고 도망간 생각에서 숨이라는 대상
으로 바뀌었다.

숨으로 대상이 바뀌었기에 성냄도 탐욕도 일어나지 않는다.

집착으로 이어지는 짐을 지지 않아도 되는 것이다.

이것이 내려놓는 방법이다.

이 한 찰나의 순간으로 이제부터 당신이 인생이 바뀌기 시작한다.

마음이 숨이라는 대상으로 가면 그다음에는 지혜의 마음이 생

긴다.

내 돈 떼먹고 도망간 사람에게는 전생에 진 빚을 갚았다는 보시
의 마음이, 나를 버리고 간 사람은 다른 사람 만나서 더 잘 살라
는 자비의 마음 등 유익한 마음이 일어나면서 우리의 마음은 집
착이라는 해로운 마음에서 보시, 자비 등 유익한 마음으로 바뀐
다. 그리고 그 유익한 업의 과보로 내일은 더 좋은 일들이 당신에
게 나타날 것이다.

경전을 인용한다.

10. "비구들이여, 이것과 다른 어떤 단 하나의 법도 이렇듯 개
발되고 많이 [공부]지어 행복을 가져오는 것을 나는 보지 못하
나니, 그것은 바로 마음이다.
비구들이여, 개발되고 많이 [공부]지은 마음은 행복을 가져온다."

−다루기 힘듦 품(A1:3:10)

마음의 근육 마음 챙김

: '숨'이라고 외치기

마음 챙김은 간단히 말해서 현재의 대상에 마음이 가있다는 것을 뜻한다. 좀 더 쉽게 표현한다면 현재 대상을 알고 있는 상태, 즉 알아차리고 있다고 보면 된다. 따라 하기 바란다. 숨이라고 말을 해도 되고, 마음속으로 숨이라고 생각해도 된다.

자 이제 "숨." 하면서 코끝(오른쪽 검지를 인중에 댄다.)으로 마음을 보낸다.

이 순간 이제 마음은 숨이라는 대상으로 마음 챙김과 알아차림을 유지하고 있는 상황이다. 정확히 말해서 '마음 챙김'이라는 심리 현상과 '알아차림'이라는 지혜의 심리 현상 둘 다 마음과 함께 숨이라는 대상에 가있다는 뜻이다. 앞에 일어난 마음의 대상에서 숨이라는 대상으로 대상이 바뀌는 것이다.

사실 이 마음 챙김과 알아차림이라는 심리 현상은 불교 수행의 핵심 용어이다. 그러나 우리는 이것을 쉽게 삶에서 적용하기 어렵기 때문에 '숨'이라는 단어를 통해 마음을 챙기고 알아차림을 유지하는 것이다. 앞으로 "숨." 하는 순간 '마음 챙김'과 '알아차림'이라는 심리 현상이 반드시 같이 있다고 전제하기 바란다.

지금 책을 보고 있다면 즉시 '숨' 하면서 코끝을 보기 바란다. 그러면 마음은 순간적으로 책에서 코끝의 호흡으로 대상이 바뀌어버린다. 가장 중요한 것은 대상을 바꾸는 것이다. 자주 할수록 마음은 힘이 강해져서 마치 근육이 생기는 것과 같이 된다. 이제 웬만한 짜증, 탐심, 걱정 등은 "숨."하고 외치는 순간 밀려가버릴 것이다. 불교적 용어로는 번뇌를 내려놓는 과정이라고 할 수 있다.

내가 불교를 만나게 된 건 '마음 챙김' 때문이었다. 10년 전쯤 석재 기술자로 건설 현장을 전전할 때였다. 우연히 불교 관련 에세이집에서 '마음 챙김(사띠)'이라는 말을 알게 되었고, 사띠는 현재를 자각하고 현재 그 마음을 볼 수 있다고 했다. 그때는 마음을 본다는 말을 이해할 수가 없어서 그 책을 더 이상 보지 않고 덮어버렸다. 다음 날 현장에서 무거운 석재를 시공하는 과정에서 나를 보조하는 사람이 실수로 다른 돌을 가져왔다. 힘들게 시공한 것을 다시 떼고 다른 돌을 붙여야 하는 상황이었다. 원래 내 성격은 원하는 대로 되지 않으면 참지 못하는 성격이었는데, 그 성격 그대로 화가 강하게 올라왔다. 그때 갑자기 화난 마음을 보면 화가 사라진다는 불교 에세이 글이 생각났다. 그리고 화난 마음이 보였고, 사라지는 것이 보였다. 그리고 더 이상 뭔가가 진행되지 않았다. 당황한 것은 나를 보조해주는 그 사람이었다. 평상시 같으면 욕을 하고 화를 내던 사람이 아무 말도 하지 않고 그냥 넘어갔기 때문이었다. 마음 챙김(사띠)으로 인해 더 이상 화를 내지 않은 상황을 경험하게 된 후로부터 나의 삶은 바뀌기 시작했다.

이 상황을 좀 더 쉽게 설명하면 화난 마음에서 "슘." 하는 순간 화난 마음이 '슘'을 보는 마음으로 바뀌었다는 것을 뜻한다.

훗날 마음 챙김이 불교 수행 용어라는 것을 알았다. 그리고 마음 챙김은 우리가 우리 삶의 노예가 아닌 주인이 되는 과정의 핵심이라는 것 또한 알게 되었다. 내가 이 마음 챙김을 마음의 근육이라고 부르는 이유는, 우리는 대상에 너무나 힘없이 끌려다니기 때문이다. 맛있는 음식, 흡연, 알코올 등 우리는 즐거운 느낌이 일어나는 대상에 여태까지 저항 없이 반응해왔다.

마음 챙김이라는 마음의 힘이 있으면 우리는 멈출 수 있다. 더 먹고 싶은 탐욕의 마음이 일어날 때 탐욕의 마음을 본다면 우리는 식탐을 멈출 수 있는 지혜를 얻을 수 있다. 지혜로운 판단을 하기 위해서는 현재 어떤 상황인가를 자각해야 한다. 그것이 마음 챙김이다. 마음이 현재의 대상을 챙김. 이것은 영어로 mindfulness이다. 그리고 미국과 유럽은 이미 이 마음 챙김을 신

경과 치료에 이용하고 있고, 많은 사람이 그 효과를 보고 있다고
한다.

마음의 근육인 마음 챙김의 본질은 이렇다.

우리는 대상을 만나면 마음이 일어난다. 그 마음에는 느낌 과
인식 이 주된 역할을 하는데, 우리는 대부분 느낌에 반응한다. 즐
거운 느낌에서 탐욕 그리고 집착 으로 이어지는 과정이 마음
에 힘이 없는 우리의 모습이다.

예를 들어 보자. 다이어트 중에 케이크 한 조각을 먹을 기회가
생긴다. 하나를 먹으니 달고 즐거운 느낌이다. 하나를 더 먹는다.
탐욕이다. 하나를 더 먹고 또 하나를 더 먹는다. 집착으로 넘어갔
다. 이것이 마음 챙김이 없는 경우이다. 멈출 줄을 모른다.

자 이제 '마음 챙김' 대신에 '숨'이라고 바꿀 것이다.

'숨'의 힘이 강한 경우를 예를 들어 설명해보자. 맛있는 케이크를
먹는 순간 혀에서 즐거운 느낌이 일어난다. 그리고 더 먹고 싶은
마음이 일어나는 순간 "숨."이라고 말하면서 마음을 '숨'으로 보낸
다. 이제 식탐의 마음에서 숨을 보는 마음으로 바뀌었다. 그리고
'나의 건강을 위해서 그만 먹어야지.' 하는 지혜의 마음을 내본다.

'숨'의 힘이 약한 경우도 있다. 이것은 케이크 조각을 하나 먹고, 하나 더 먹고 있는 상태에 뒤늦게 식탐을 안 경우이다. 두 번째 케이크 먹다가 "숨." 하고 외치면서 케이크 먹는 것을 그만둔다. 늦었지만 그래도 케이크 두 개에서 끝날 수 있기에 역시 다이어트에 도움이 된다.

이것이 '숨'을 보는 이익 중의 하나이다.

나는 '숨'을 보는 것을 통해서 금연과 금주를 실현했다. 물론 회사 회식 자리에서 맥주 한두 잔은 마신다. 그러나 그것도 내가 마음을 챙기고 있는 범위 안에서이다. 이 '숨'이라는 마음의 근육을 강화시킨다면 당신 삶의 많은 문제가 풀려나갈 수 있다고 확신한다.

우울증, 불면증

우울증, 불면증은

내 돈 떼먹고 간 사람이 생각남 (생각)	나를 버리고 떠난 남자 혹은 여자 (생각)	나의 자존심을 건드린 상대방의 말 (생각)	공부를 별로 안 하고 게으른 자식 걱정 (생각)	오지도 않은, 알 수도 없는 미래 (노후) (생각)	어제 백화점에서 본 옷, 가방 (생각)

생각 등을 **성냄** 혹은 **탐욕** 과 함께 붙들고 **집착** 의 짐을 지고 있는 상태다.

어떨 때 우울하다고 하고 어떨 때 잠이 잘 오지 않는가? 본질적으로 본다면 우울하다는 것은 불만족한 느낌이 일어나고 있다는 뜻이다. 사랑하는 사람에게 버림을 받는 등 내가 원하지 않는 상황이면 화가 난다. 성냄이 약하게 일어난다. 약한 성냄은 슬픔으로 느껴진다. 원하지 않는 상황을 원인으로 성냄이 일어나고, 그 약한 성냄을 슬프다거나 우울하다고 생각한다.

날씨도 흐리고, 오늘따라 우울하다. 뭔가 즐거운 일이 없다는 것이다. 그래서 불만족스러운 느낌을 동반한 약한 성냄이 일어난다. 그래서 우울하다. 믿었던 친구가 나를 험담하고 다닌다. 이 역시 원하지 않는 상황을 조건으로 화가 난다. 욕을 할 정도의 화가 나지 않기에 약한 성냄이다. 우울함을 느낀다.

우울하다는 것의 본질은 불만족한 느낌 을 조건으로 약한 성냄 이 일어난 상태다. 이 정도의 상태는 우리가 일상에서 자주 경험하는 상황들이다. 애인을 다시 만들고, 날씨가 좋아지고, 다른 친구들과 어울리면 우울함은 즐거움으로 바뀔 수 있다. 문제는 이 우울함을 빨리 알아차리지 못하고 거기에 빠져있다는 것이다. 그러면 우울증이 된다.

빨리 생각을 내려놓지 않으면 집착의 짐이 더 무거워져서 심한 경우 자살 충동까지도 일어날 수 있다. 그것은 마치 화가 극도로 난 사람이 상대방을 크게 해칠 수 있듯이 집착이 강해지면 스스로 본인을 해칠 수 있다는 것이다.

불면증 역시 마찬가지이다. 누워서 뭔가를 생각하면서 그것을 멈출 줄 모른다. 아파트 값이 오르기를 바라는 탐욕의 생각에 집착할 수도 있고, 상대방을 미워하고 원망하는 성냄의 생각에 집착할 수도 있다. 중요한 것은 계속 이어지고 있는 상태, 즉 집착이 자꾸 커지는 상태라는 것이다. 이것이 불면증이다.

해결책은 간단하다. 바로 대상을 바꾸는 것이다. 공허한 생각들이 떠오르면 즉시 "숨." 하고 외치면서 코끝으로 마음을 보내면 된다. 그 순간 대상이 바뀐다. 그러면서 성냄, 탐욕, 집착 등 해로운 심리 현상이 함께하는 마음에서 '마음 챙김'과 '알아차림'이라는 유익한 심리 현상이 함께하고 있는, '숨'을 보는 마음으로 바뀐다는 것이다.

유익한 마음은 마음을 챙기고 있는 마음이기에 우울함을 내려놓을 수 있고, 또 부드럽고 편안한 마음들이기에 불면증에서 벗어나 쉽게 잠들 수 있다. 이것이 "숨."이라고 말하며 대상을 바꾼 결과이다. 이렇듯 당신의 행위만으로 자신을 행복하게 만들 수 있다. 참으로 희망적이지 않은가!

우울하다는 생각이 드는가! 그러면 "숨."이라고 외쳐라. 잠이 오지 않는가? 그러면 "숨." 하면서 마음을 코끝의 호흡으로 보내라. 당신은 편히 잠들 수 있을 것이다. 이렇듯 불교의 가르침은 즉각적이고 실용적이다.

편하게 잠드는 법을 설하신 경전을 인용한다.

2. 그때 신들의 왕 삭까가 세존께 다가갔다. 가서는 세존께 절을 올리고 한 곁에 섰다. 한 곁에 선 신들의 왕 삭까는 세존께 게송으로 여쭈었다.

"무엇을 끊은 뒤에 깊이 잠들고 무엇을 끊고 나면 슬퍼하지 않습니까? 어떤 하나의 법 죽이는 것을 당신은 허락하십니까, 고따마시여?"

3. [세존]
"분노를 끊은 뒤에 깊이 잠들고 분노를 끊고 나면 슬퍼하지 않노라. 바라문이여, 분노는 뿌리에 독이 있고 꼭대기에 꿀이 듬뿍 들어 있어서 이런 분노 죽이는 것 성자들은 칭송하니 이것을 끊고 나면 슬퍼하지 않기 때문이니라."

– 「끊음 경」(S11:21)

커피 중독, 흡연 중독, 알코올중독, 마약중독은 같다

중독증은 집착의 대표적 증상이다.

비만한 사람들이 음식에 집착하듯이 커피 중독은 커피 맛에 집착하고, 알코올중독은 그 알딸딸함에 집착하고, 흡연 중독은 니코틴이 폐를 지날 때 느껴지는 느낌에 집착한다. 마약은 안 해봐서 모르지만, 뭔가 더 자극적인 것에 집착하는 경우가 아니겠는가? 주위에 사업적으로 성공한 후, 마약중독자가 되어서 폐인이 되는 경우를 봤다. 그때는 그 사람은 눈만 뜨면 돈이 들어오는데 무엇 때문에 마약을 하게 되었을까 의아했었는데, 불교의 가르침을 만나고 그 이유를 확실히 알게 되었다.

우리는 느낌을 추구한다. 그리고 우리의 심리 현상 중 하나이며 정신적 에너지인 **갈애** 는 그 특성상 만족을 모른다. 늘 더 강한 느낌에 목이 마르다. 이것이 우리를 중독으로 이끄는 대표적 이유다. 우리가 갈애의 일어남과 멈춤을 모른다면 삶의 과정 대부분은 중독으로 나타날 것이다.

일중독, 운동 중독, 게임 중독, 쇼핑 중독, 도박 중독, 프라모델 만들기, 골동품 모으기 등.
갈애 는 **집착** 으로 이어지고, 중독으로 나타난다.

우선 세금은 가장 많이 내면서 대접을 받지 못하는 흡연 중독자들에 대해서 살펴보자.

그렇게 건강에 나쁘다는 담배를 국가가 허가를 내주어서 만들게 하는 이유는 단 하나이다. 당신에게 세금을 거두기 위해서이다. 흡연의 위험성을 고지하고는 있지만, 어쩌면 당신 같은 흡연의 노예들이 금연을 통해 노예 생활을 탈출할까 봐 전전긍긍할지 모른다.

언제 흡연 욕구가 일어날까? 이것 역시 습관과 연관되어있다.

달콤한 커피나 음식을 먹고 난 후 우리는 담배를 자주 피웠다. 그래서 단것이나 음식이 들어가면 담배 피우고 싶은 생각이 일어나는 것이다. 그리고 화가 났을 때 우리는 담배를 피웠다. 그래서 직장 생활에서 스트레스가 생기면 담배가 생각나는 것이다. 양치할 때나 키스할 때 담배 생각이 나지 않는 것은 그 상황에서 담배를 피워본 적이 없었기 때문이다. 우리는 여러 가지 상황들에서 담배를 피우는 업을 쌓아왔다. 그래서 그러한 상황을 만나면 흡연 욕구가 일어나는 것이다. 욕구가 일어나면 즉각적으로 담배를 찾고, 피울 장소를 물색하는 노예적 행위들이 일어난다.

마음의 근육이 약하여 한 번도 멈춰본 적이 없으면 피우고 싶다는 **갈애**의 마음이 일어나면 그대로 끌려가버린다. 이것이 습관이 계속되고 중독이 계속되는 이유이다.

여기에 끌려가지 않으려면 우선 '숨'을 외쳐야 한다. 담배 피우고 싶은 마음이 올라올 때 즉각적으로 "숨."이라고 외치고, 코끝의 호흡으로 마음을 보낸다.

일단 이렇게 되면 마음은 흡연 욕구에 가있는 것이 아니라 호흡이라는 대상에 가있다. 그리고 얼른 물을 한 잔 마시러 간다. 그러면서 나는 담배 피우는 대신 물을 한 잔 마시러 가는 업을 쌓겠다고 스스로 결심한다. 업은 습관이고, 습관이 바뀌면 인생이 바뀐다. 이렇게 하루만 담배 대신 물을 마신다면 우리는 흡연 욕구의 노예에서 우리의 마음을 지배하는 지배자로 바뀐다.

그러나 대부분은 노예로 살기를 자처한다. 심지어 폐 수술을 한 사람이 자기는 담배 피우다가 죽어도 좋으니 담배를 피우게 해달라고 한다.

이렇듯 흡연의 욕구를 일으키는 '갈애'는 너무나 강하다. 그러나 욕구가 일어날 때마다 "숨!" 하고 외친다면 누구나 갈애를 이겨낼 수 있을 것이다.

왜냐하면, 인간으로 태어난 우리는 '지혜'라는 힘을 가지고 있기 때문이다.

나 역시 오랜 기간 담배를 피운 업을 쌓았기에 금연한 지 오래된 지금까지도 음식을 먹을 때나 가끔 직원과 회식할 때 맥주를 마시면 흡연 욕구가 일어난다.

그러나 그 순간 "숨." 하면서 마음이 변하는 것을 본다.

흡연 욕구라는 것도 사실 한 찰나의 마음일 뿐이다. 이 순간만 넘어가면 마음은 또 다른 대상에 가있다.

이러한 마음의 원리를 알면 당신은 진정한 삶의 주인이 되는 것이고, 모든 중독의 노예에서 벗어날 수 있다. 이것의 출발점은 지금 "숨."이라고 외치는 것이다.

빚지고도 행복하게 사는 법

: 두 번째 화살에 맞지 마라

빚은 갚아야 한다.

빚은 당신이 지은 업이고, 업은 반드시 과보를 가져오기에 당신
이 빚을 졌다면

어떤 식으로든 빚을 갚아야 할 것이다.

당신은 지금 빚을 갚기 위해 열심히 일하고 있을 것이다.

새벽 일찍 나가야 하는 일을 한다든지,

무거운 것을 들고 나르는 일을 한다든지,

종일 운전을 해야 한다든지,

아침부터 저녁까지 전화기를 붙잡고 많은 사람과 씨름을 한다
든지,

뜨거운 불 앞에서 일한다든지 하면서 받는 고통은 다 빚이라는
업, 탐욕이라는 업의 과보라는 것이다.

그 과보는 당신이 지은 업의 과보이기에 반드시 받아야 하는 것
들이고,

그 과보를 불교에서는 첫 번째 화살이라고 한다.

이 첫 번째 화살은 피할 수 없다는 것이다. 문제는 두 번째 화

살이다.

빚을 갚아나가는 일을 하면서 성냄 화를 내면서 자신의 처지를 비관한다면 성냄을 통해서 다시 업을 짓는 두 번째 화살을 맞은 것이다. 심지어 빚은 자기가 지어놓고 부모를 원망하고, 사회를 원망한다. 세 번째 화살을 또 맞는다. 두 번째, 세 번째 화살의 과보로 삶은 점점 더 고달파질 것이다.

빚을 갚기 위해 일하러 나간다. 새벽같이 일어나거나 힘든 일을 하면 당연히 괴로울 것이다. 첫 번째 화살이다. 그 괴로움을 싫어하는 마음, 즉 짜증이나 비관적인 생각, 후회 등이 생각나면 즉각적으로 "숨." 하고 외치면서 마음을 코끝으로 보낸다. 그리고 '내가 탐욕으로 지은 빚이니 내가 당연히 갚아야지.' 하면서 지혜의 마음을 낸다. 그리고 다시 마음을 추스른다. 두 번째 화살을 맞지 않음과 동시에 지혜의 마음으로 유익한 업을 지은 것이다. 이 업의 과보로 빚을 빨리 갚을 수 있는 과보를 받을 것이다.

빚지고도 행복하게 산다는 것은 빚이라는 생각의 짐을 지지 말라는 뜻이다. 빚을 갚으면서 일을 열심히 하되, 언제 갚을 수 있을까 하는 생각의 짐을 지지 말라. 일할 때는 힘이 들지만 겸허히 받아들이고, 그 외 밥 먹을 때, 화장실 갈 때, 출퇴근할 때, 휴식 시간 등 일을 하지 않는 많은 시간에는 "숨." 하면서 마음을 코끝의 호흡에 보내고 그 시간만은 편안하고 행복하게 지내라. 호흡에 마음이 가 있는 순간은 당신은 빚진 사람도 아니고 빚 걱정이 많은 사람도 아니다. 단지 '숨'에 마음이 가있는, 세상에서 제일 행복하고 편안한 사람이다.

이것이 빚지고도 행복하게 사는 방법이다.
숨을 통해서 빚 걱정을 내려놓자는 말이다.

골프 잘 치는 법과 면접을 잘 보는 법

　　면접을 잘 보려면 평소에 준비한 대로 편하게 하면 된다. 그런데 우리는 평소와는 다르게 긴장을 하고 실수를 해서 제대로 자기 생각이나 의사를 표현하지 못한다. 왜일까? 그것은 바로 잘하려는 마음, 즉 집착하는 마음이 일어나기 때문이다.

　　면접이라는 대상에 잘하려는 **탐욕** 의 마음이 일어나고, 점점 '더 잘해야지.' 하는 마음을 내면서 **집착** 으로 바뀐다. 집착은 우리 몸을 긴장시킨다. 평소에 연습하고 준비한 것들로 마음이 가는 게 아니고, 자꾸 잘하려는 마음 혹은 면접관으로 가버린다. 그래서 자기의 생각이나 준비했던 것들이 자연스럽게 나타나지 못하고 흐름이 끊기는 것이다.

　　해결책은 잘하려고 집착하는 마음을 내려놓는 것이다. 우선 잘하려는 **탐욕** 의 마음이 일어나면 즉시 "숨." 하면서 마음을 호흡으로 보낸다. 탐욕과 집착의 마음에는 반드시 **들뜸** 이라는 심리 현상이 같이한다. 이 들뜸의 마음이 우리를 긴장하게 하는 이유이다. "숨." 하면서 코끝의 호흡으로 마음을 보내면 마음은 유익한 마음으로 변한다. 이때 유익한 마음에는 평온, 몸의 편안함, 마음의 편안함 등 우리의 몸과 마음을 편하게 해주는 심리 현상이 마음과 같이 일어난다. 그 상태로 면접을 보게 되면 우리는 평소에 하던 대로 편하게 실력 발휘를 할 수 있다.

두 번째는 면접관들을 대한 인식 을 바꾸는 것이다. 나를 시험하는 사람들이 아닌 내가 앞으로 이 회사에서 먹여 살릴 사람들이라든지 아니면 전부 다 옷을 벗고 있다고 상상을 하든지, 또는 원숭이들이 올망졸망 모여있는 것처럼 생각하면 집착의 마음을 내려놓을 수 있는 방법이 될 수 있다. 원숭이들 앞에서 내 이야기를 하는데 너무 잘할 필요는 없지 않은가?

이 방법 역시 골프에서도 적용할 수 있다. 골프에서 어깨에 힘 빼는 데 3년 걸린다고 한다. 이 말 역시 스윙의 순간에 집착이 들어간다는 말이다. 잘 치려는 마음, 멀리 보내려는 마음이 집착의 마음이고, 그 마음 때문에 근육이 경직된다. 그래서 평소 연습하던 대로 스윙이 나오지 않는 것이다. 스포츠에서 늘 하는 말이 "평소처럼 하면 된다."이다. 이 말은 무의식의 레벨에서 행위를 하라는 뜻이다. 그런데 여기서 잘하려는 집착의 마음 때문에 무의식의 행위가 방해를 받는다. 이것이 어깨에 힘이 들어가는 이유이다.

승부를 결정짓는 중요한 퍼팅이나 티샷에서 우리는 승부에 집착하기 마련이다. 이때 "숨." 하면서 마음을 코끝의 호흡으로 보낸다. 그것을 몇 번 혹은 몇 초간 지속한다. 그리고 편안한 상태에서 스윙을 한다. 이 순간의 마음에는 승부도, 결과도 없는 마음이다. 이것을 무념무상의 경지라 할 수 있을 것이다.

정리하자면 결정적인 순간에 평소처럼 잘하지 못하는 이유는 집착이라는 심리 현상 때문이다. 면접 연습이든, 스윙 연습이든 이 기억에서 나오는 행위들은 무의식의 레벨에서 나온다고 할 수 있다. 그런데 집착의 마음 때문에 이 무의식의 레벨에서 나오는 행위가 방해를 받는다. 면접이나 경기가 끝나고 왜 평소처럼 하지 못했는지 후회를 하는 이유이다. 해결 방법은 마음의 근육을 강화해서 자주 "숨.", "숨." 하면서 집착의 마음이 없는 상태에서 면접이든 경기를 하는 것이다. 이 방법을 알고 익힌다면 당신은 어떤 상황에서도 당신의 실력을 최대한 발휘할 수 있을 것이다.

이렇듯 불교의 가르침은 실용적이다.

건강한 다이어트 비결

: 햄버거의 노예들

먹는 낙이 없으면 우리는 어떻게 세상을 살아갈까? 이것이 그렇게 많은 비만 환자들과 다이어트 약과 다이어트 방법이 생기는 이유일 것이다. 우리는 즐거움을 원한다. 그런데 가장 손쉽게 즐거움을 느끼는 방법이 입안에 음식을 넣어주는 것이다. 달콤한 케이크나 햄버거의 맛을 느낄 때 혀를 통한 즐거운 느낌이 일어난다. 이 즐거움을 우리는 행복하다고 말하고, 어떤 사람은 "나는 식탐이 많은 사람이다."라고 말한다. 짐승들도 식탐으로 먹는다.

식탐은 음식이 대상이 될 때 일어난다. 그것은 눈앞에 나타날 수도 있고, 냄새로 나타날 수 있다. 대부분 자기가 좋아하는 음식 앞에서 **탐욕**의 마음이 일어난다. 당신이 다이어트 중이라면 음식량을 줄이는 게 가장 중요할 것이다. 그러기 위해서는 식탐을 내려놓아야 한다. 음식을 먹지 말자는 게 아니고 줄이면 된다는 것이다. 케이크가 두 개 있으면 한 개만 먹고 "숨." 하면서 물을 마시고, 피자 역시 두 조각을 받았더라도 한 조각만 먹고 "숨." 하면서 물을 마시면 된다. 콜라를 마신다는 것 역시 느낌을 탐하는 것이다. 콜라 마시고 싶은 마음이 일어나면 "숨." 하고 외치면서 '콜라 한 잔은 오이 4개의 칼로리와 같고, 30분을 걸어야 소모되는 열량이다.'라고 생각한다. 이렇게 지혜의 마음을 내고 식탐을 내려놓고 물을 마신다. 업이 바뀌면 인생이 바뀐다. 식습관이 바뀌면 당신의 모습 역시 바뀔 것이다.

병원에서 당뇨 수치가 높다며 몸무게를 10분의 1 이상 줄이라고 해서 나도 태어나서 처음으로 다이어트라는 것을 했다. 저녁 이후 별로 먹지 않았다고 생각했는데, 다이어트를 시작하니 심심찮게 치킨이나 빵 등을 저녁 식사 후에 먹었다는 것을 알게 되었다. 그 결과로 뱃살이 더 나오고 당뇨의 수치가 급격히 올라간 것이다. 그래서 시작한 게 오이 다이어트였다. 아침은 늘 가볍게 먹고 나갔다. 점심은 보통처럼 먹었는데, 밥공기에서 한두 숟가락은 들어내고 천천히 먹었다. 오후에 직원들이 가끔 피자나 호떡 등 간식을 가지고 사무실에 올라오는데, 한 번도 먹지 않았다.

피자 한 조각과 콜라 한 잔은 500cal가 넘는다. 오이 20개의 열량과 맞먹는다. 그런 생각을 하면서 마음을 챙긴다. 퇴근 후에는 동네 산책을 한 바퀴하고 밥은 먹지 않고 두부구이나 계란찜, 생선구이 등을 해서 먹었다. 문제는 밤이었다. 9시 정도 되면 배가 고프기 시작하면서 온갖 음식들이 다 생각났다. 그때 오이를 먹는 습관으로 바꾼 것이다. 오이는 열량이 낮고, 먹으면 포만감도 있고, 아삭한 식감도 좋다. 고추장에 찍어서 먹으면 다른 야식을 먹던 업이나 습관을 충분히 바꿀 수 있다. 한 며칠 먹으니 밤에 속도 편하고 자신감이 붙었다. 그래서 두 달간 천천히 5~6kg을 감량했다.

물론 지금도 평생 음식을 먹은 업의 힘으로 음식을 보면 먹고 싶은 마음이 즉각적으로 일어난다. 그러나 "숨." 하면서 마음을 호흡으로 보내고, '나는 식탐의 노예도 아니고, 느낌의 노예도 아니다. 나는 내 마음의 주인이다.' 하면서 나에게 자부심을 느끼고 그다음 행위가 일어나지 않게끔 한다.

마음의 주인이 되는 것, 이것이 진정한 다이어트의 비결일 것이다.

경전을 인용한다.

2. 그 무렵 빠세나디 꼬살라 왕은 양동이 분량의 음식을 먹었다. 그때 빠세나디 꼬살라 왕은 음식을 잔뜩 먹고 숨을 헐떡거리며 세존께 다가갔다. 가서는 세존께 절을 올리고 한 곁에 앉

았다.

세존께서는 빠세나디 꼬살라 왕이 음식을 잔뜩 먹고 숨을 헐떡거리는 것을 아시고 그 사실에 대해서 이 게송을 읊으셨다.

3. "사람이 항상 마음 챙기면서 음식을 대하여 적당량을 알면 괴로운 느낌은 줄어들고 목숨 보존하며 천천히 늙어가리."

4. 그 무렵 수닷사나 바라문 학도가 빠세나디 꼬살라 왕의 뒤에 서 있었다. 그때 빠세나디 꼬살라 왕은 수닷사나 바라문 학도를 불러서 말했다.

"여보게여, 수닷사나여, 이리 오너라. 그대는 세존의 곁에서 이 게송을 잘 배워서 내가 식사를 할 때마다 그것을 외워라. 그러면 나는 그대에게 매일 백 까하빠나를 평생 동안 급여를 줄 것이다."

5. "그렇게 하겠습니다, 폐하."라고 수닷사나 바라문 학도는 빠세나디 꼬살라 왕에게 대답한 뒤 세존의 곁에서 이 게송을 잘 배워서 빠세나디 꼬살라 왕이 식사를 할 때마다 그것을 외웠다.

"사람이 항상 마음 챙기면서 음식을 대하여 적당량을 알면 괴로운 느낌은 줄어들고 목숨 보존하며 천천히 늙어가리."

6. 그리하여 빠세나디 꼬살라 왕은 차츰차츰 [음식을 줄여] 한 접시 정도의 밥만을 먹고 살았다. 빠세나디 꼬살라 왕은 훗날 그의 몸이 아주 날씬해지자 손으로 사지를 쓰다듬으면서 그 사실에 대해서 감흥어를 읊었다.

"금생과 내생의 두 가지 이익으로 그분 세존께서는 나를 연민하셨구나!"

– 「양동이 분량의 음식 경」(S3:13)

스마트폰 인간들

현대인들이 스마트폰 없이 살 수 있을까? 가족끼리 모여있어도 각자 스마트폰을 보고 있고, 연인끼리 있어도 각자 스마트폰을 보고 있는 경우가 많다. 그들은 왜 만났을까? 그리고 만난다는 것은 무엇이고, 같이 있다는 것은 또 어떤 의미인가?

퇴근길 지하철 안 사람들은 고단해 보인다. 그들은 대부분 스마트폰을 보면서 각자의 세상을 경험하고 있다. 앞 장에서 이야기했듯

이 세상이란 각자가 경험하는 그 순간이라고 했다. 지하철 안의 사람들은 각자 스마트폰을 보면서 각자 다른 세상을 경험하고 있

다. 그들에게는 그 순간 스마트폰이 세상이고, 그 세상 안에 자기가 존재하고 있는 것이다. 그들은 스마트폰 안의 세계에 있는가 아니면 밖의 세계에 있는 것인가?

스마트폰 없이 살라고 한다면 모두가 거부반응을 일으킬 것이다. 그 뜻은 자기만의 세계를 빼앗긴다고 생각하고, 그 존재하지도 않는 스마트폰 안의 세상에 집착하고 있다는 뜻이다. 물론 스스로는 자각하지 못하겠지만 말이다.

결국, 이 말은 불교적 관점과 일치한다. 불교는 당신이 의미를 부여하고 있는 이 세상은 실체가 없다고 한다. 실체가 없다고 해서 존재하지 않음을 의미하는 것은 아니다. 변화하는 과정에 있는 것이기 때문에 고유하고 고정된 어떤 실체가 아니라는 뜻이다. 스마트폰 안에는 아무것도 없다. 그러나 우리는 거기에 의미를 부여하고 울고 웃고 있다. 그것이 자신의 세상인 것처럼.

산다는 것은 별것이 아니다. 마음이 끊임없이 대상을 찾아다니고, 찾아낸 그 대상에 반응하고, 그것이 습관이 되고, 그 습관으로 인해 다시 무언가를 찾아다닌다. 그것을 우리는 살아간다고 하고, 그 삶의 한가운데 스마트폰이라는 것이 있다. 스마트폰 안의 즐길 거리를 찾고, 거기에 반응하고, 그 습관으로 인해 다시 스마트폰을 찾는다. 옆에 잠시만 없어도 불안해한다. 그 스마트폰이 이제 우리 현대인들에게는 삶이 되어버렸다. 그리고 중독 상태가 되었다.

이 말은 스마트폰이 이제 우리 삶을 지배하고 있다는 말이기도 하다. 무지(無知)와 갈애에 끌려다니는 것도 모자라 이제 스마트폰이라는 기계에 끌려다니는 삶을 살고 있다. 현재의 자본주의 시스템이 결국 보는 것, 듣는 것, 맡는 것, 먹고 맛보는 것, 몸으로 느끼는 것, 생각하는 것을 생산하는 시스템이라고 본다면 스마트폰에 빠져있을 때 우리는 자본주의의 노예, 자본주의 생산 시스템을 유지하고 확대재생산 하기 위한 소비형 부품으로 살고 있다고 해도 될 정도이다.

문제는 스마트폰을 열심히 들고 다니면서 노예가 되든, 부품이 되든 행복하면 문제가 없지만, 우리는 그 속에서 늘 고단하다는 것이다. 먹어도 먹어도 끝이 없듯이, 스마트폰을 수시로 쳐다보고 게임을 하고 해도 끝이 없다. 음악을 들어도 들어도 끝이 없다. 중독에는 멈춤이 없다. 이것이 당신이 스마트폰을 들고 있는 현실이다.

이 현실이 불교에서 말하는 불만족, 즉 괴로움의 진리이다. 우리가 노예로 살아가는 이상 괴로움은 현실일 수밖에 없다는 것이다. 그렇다면 이 괴로움을 어떻게 벗어날 수 있는 것인가? 그것은 바로 '숨'을 외치는 것이다. 습관적으로 스마트폰을 보려고 할 때 "숨." 하면서 마음을 코끝의 호흡으로 보낸다. 스마트폰이 진정으로 나에게 만족을 준 적이 있었던가? 무료해서 뭔가 자극이 필요해서 늘 습관적으로 봐온 것인데 이제는 그것의 노예가 되어버린 것은 아닌가 하면서 성찰해본다. 이런 마음을 통해 자주 호흡의 고요함과 행복감을 느낄 수 있다면 스마트폰에 헐떡거리는 상태에서 벗어날 수 있을 것이고, 보고 들음의 노예에서 벗어날 수 있는 탈출구를 마련할 수 있을 것이다.

스마트폰은 현대인의 삶에 유용한 도구임은 틀림없다.
그러나 그 유용함을 넘어서 습관적으로 스마트폰을 보고 있다면 당신은 당신 삶의 주인이 아니라 스마트폰의 노예로 전락할 수도 있다.
여기서 벗어나고 싶다면 습관적으로 스마트폰에 손이 갈 때 "숨."을 외쳐라.
숨을 보는 그 순간, 당신은 스마트폰과 자본주의 노예가 아닌 깨어있는 당신 자신 그대로인 것이다.

짜증을 내어서 무엇 하나

: 앞차 끼워주기

앞차가 갑자기 끼어든다.

대부분은 짜증이 날 것이다. 짜증은 약한 **성냄**으로 볼 수 있다.

여기서 욕을 한다면 **성냄**이 **집착**으로 넘어갔다고 볼 수 있다.

집착이 일어났다는 것은 두 번째 화살을 맞았다는 것을 의미한다.

불교적 관점에서 보면 앞차가 끼어든 것은 해로운 과보이고, 첫 번째 화살이기에 이것은 피할 수가 없다. 그러나 욕을 한다는 것은 당신의 문제로 넘어가는 것이기에 선택할 수 있는 것이다. 즉 욕을 할 수도 있고 안 할 수도 있다는 것이다.

짜증을 내고 욕을 한다고 해서 그 욕이 앞차의 운전자에게 전해지지 않는다.

욕을 함으로써 당신 스스로가 환자가 되어가는 것이다.

사실 이러한 현상들은 우리 삶에서 거의 매일 일어난다. 지하철이 붐벼서 짜증 나고, 차가 막혀서 짜증 나고, 자식이 말을 안 들어서 짜증 나고 일이 뜻대로 되지 않아서 짜증이 난다. 매출이 떨어져서 짜증이 나고, 장사가 잘되지 않아서 짜증이 난다. 짜증이 날 때마다 우리의 피는 점점 더 탁해지고, 당신은 점점 더 잠재적 환자가 되어간다. 이 상태가 길어지고 깊어지면 우울증으로 이어질 것이다.

앞차가 끼어들어서 짜증이 나면 즉각적으로 "숨." 하고 코끝으로 마음을 보낸다.

'숨'을 보는 순간 당신은 짜증 난 사람이 아니고, 숨을 보는 사람으로 바뀐다.

그 순간 이제 피도 맑아지고 위장에 경련들도 줄어들 것이다.

그리고 이제 지혜의 마음을 내본다. 얼마나 급했으면 하는 마음과 차선을 잘못 들어왔을 것이라는 배려의 마음을 내면서 브레이크를 살짝 밟으면서 끼어들기 쉽게 해준다. 짜증이라는 해로운 마음에서 이제 자애 와 연민 과 지혜 라는 유익한 마음으로 바뀐 것이다. 유익한 마음은 즉각적으로 유익한 과보를 가져온다. 끼어든 앞차가 비상등을 켜면서 고마움을 표시한다. 그것을 보면서 기분이 좋아진다. 유익한 과보인 것이다. 비상등을 켜지 않더라도 내가 상대방을 배려하는 마음을 내었기에 역시 행복한 마음이다.

이 순간의 선택 역시 당신이 하는 것이고, 거기에는 단지 당신이 이 책을 읽고, '나도 한번 그렇게 해볼까?' 하는 조건, 즉 원인만이 있을 뿐이다.

원인과 결과!

지금 당신의 행복에는 인과의 법칙만이 냉철하게 흐를 뿐이라는 것이다.

숨을 보면(외치면) 행복해지는 원리

우리는 여섯 가지 감각기관을 통해 매 순간 대상을 만난다고
했다.

눈으로는 형색을 보고, 귀로는 소리를 듣고, 마음으로는 생각
등을 아는 그런 일들이 불교적 관점에서는 대상을 만난다고 혹은
조건 발생이라는 것이고, 그것을 우리는 '내가 본다', '내가 듣는
다', '내가 생각한다'고 이야기한다.

문제는 그러한 대상들에 우리는 대부분 탐욕과 성냄으로 반응
한다는 것이다.

맛있는 음식을 보면 즉각적으로 탐욕으로 반응하고, 흡연 욕구
나 술을 보면 역시 탐욕으로 즉각적으로 반응한다는 것이다. 그리
고 원치 않는 상황이나 괴로운 느낌이 오면 즉각적으로 성냄으로
반응해버린다.

앞차가 끼어들면 화를 내고, 기분 나쁜 소리를 듣거나 짜증스런
상황이 오면 역시 아무런 여과도 없이 바로 화를 낸다.

이러한 행위들은 해로운 업을 쌓는 행위를 한다는 것이고, 이
행위에는 반드시 해로운 결과, 즉 해로운 과보를 받는다고 불교에
서는 이야기한다.

'숨'을 본다는 의미는 대상을 만나고 탐욕이나 성냄으로 반응하는 것을 끊는 역할을 하고, 유익한 마음으로 바꾸는 역할을 한다는 것이다.

예를 들면 길을 가다가 누군가와 어깨가 부딪혀 서로 눈을 부릅뜨고 싸우려는 순간, 누군가가 내 등을 두드리며 이름을 부르는데 뒤를 돌아보니 오랜만에 보는 반가운 친구가 아닌가! 마음은 기쁨으로 바뀌고 어깨를 부딪친 사람에게는 "죄송합니다." 하고 내가 먼저 사과를 한다. 반가운 친구에게로 마음은 가버리는 것이다.

여기에서 등을 두드린 반가운 친구가 바로 '숨'인 것이다.

탐욕으로 성냄으로 마음이 일어나려는 순간 "숨."을 보면(외치면) 우리의 마음은 더 이상 탐욕이나 성냄으로 발전하지 않고, 연민, 자애, 지혜 등 행복한 마음으로 바뀐다는 것이다.

이것이 숨을 보면(외치면) 행복해지는 원리이다.

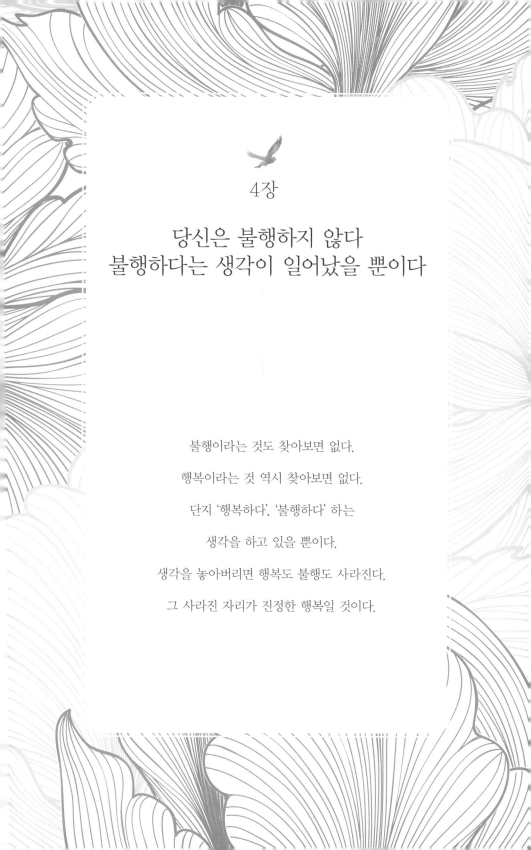

4장

당신은 불행하지 않다
불행하다는 생각이 일어났을 뿐이다

불행이라는 것도 찾아보면 없다.

행복이라는 것 역시 찾아보면 없다.

단지 '행복하다', '불행하다' 하는

생각을 하고 있을 뿐이다.

생각을 놓아버리면 행복도 불행도 사라진다.

그 사라진 자리가 진정한 행복일 것이다.

불행은 어디에?

　나는 불행하다, 나는 불행하게 살고 있다고 생각하는 사람들은 불행이 무엇인지 말해줄 수 있을까? 대부분은 불행을 돈과 연관을 지을 것이다. '나는 돈이 없어서 불행하다.' 돈이 있다는 것과 없다는 것의 차이, 그리고 많다는 것과 적다는 것의 차이로 행복과 불행을 나눌 수 있을까?

　아프리카에서는 사람의 한 끼 비용이 250원인 곳도 있다고 한다. 이마저도 돈이 없어서 한두 끼를 굶고 사람 사람들이 수억 명이 된다고 한다. 2~3만 원이면 한 달 식비가 해결된다. 그들의 목표는 굶지 않는 것이다. 당신이 가지고 있는 돈과 한 달에 쓰는 돈을 생각한다면 어쩌면 당신은 가장 행복한 사람일지도 모른다. 여기에 동의하는가?

　누가 나에게 인생에서 제일 행복했던 때가 언제냐고 물어보면 나는 항상 고시원에서 나와 바퀴벌레가 제법 많고, 창문이 있고, 화장실이 딸린 보증금 50만 원에 월세 23만 원인 원룸으로 이사 갔을 때라고 이야기한다. 고시원에서는 창이 없었고, 화장실이 밖에 있었다. 누우면 딱 맞는 침대에서는 뒹굴지도 못했다. 이사 간 원룸은 크지는 않았지만 창으로 햇빛이 들어오고, 볼일을 보러 바깥에 나갈 필요가 없었다. 마음껏 뒹굴 공간도 있었다. 여기에 바퀴벌레 친구들은 그다지 문제가 되지 않았다.

행복은 상대적이다.

불행하다고 생각하는 것은 불행한 것이 아니고, 생각을 집착하고 있는 상태이다.

즉 불만족한 느낌 을 만나 성냄 을 집착 하고 있는 상태이다.

우리의 모든 고통스러운 정신적 느낌은 집착에서 온다. 헤어진 사람을 집착하고, 자식을 집착하고, 돈을 집착한다. 돈이 없어서 불행한 게 아니고, 집착하고 있기에 불행하다는 생각이 드는 것이다. 불행이라는 것은 있는 것이 아니다. 단지 생각만을 하고 있는 것이고, 그 생각 역시 실체는 없다는 것이다. 이것이 본질이다.

불행하다고 생각이 든다면 즉각적으로 "숨." 하고 되뇌어야 한다.

생각은 집착하면 할수록 점점 커진다. 이것이 길어지면 우울증으로 이어진다.

즉각적으로 "숨." 하면서 코끝의 호흡을 본다. 이제 마음의 대상

은 불행한 생각에서 호흡을 보는 마음으로 바뀌었다. 즉 불만족
에서 호흡을 보는 편안한 마음으로 바뀐 것이다.

인생이 바뀌는 것이다. 불행한 사람에서 행복한 사람으로.

불행한가!

당신은 불행하지 않다. 생각이 불행할 뿐이다.

그대여, 아무 걱정하지 말아요!

(걱정해서 걱정이 없어지면 걱정이 없겠다는 티베트 속담이 있다.)

다들 걱정이 많다고 생각하겠지만, 그 걱정이 현실이 되는 일은 거의 없다고 한다. 그리고 걱정을 끄집어내 보라고 하면 막상 딱히 꼬집어 그 걱정을 들어내지도 못할 것이다. 예를 들어 자식이 잘 살지 못할까 봐 걱정이라면, '잘 산다'는 의미도 제대로 모르면서 '잘 살아야 할 텐데.' 하는 걱정을 한다는 것이다. 자식이 결혼하지 못해서 잘 사는 게 아니라고 생각한다면, 자식이 결혼해서 맨날 싸우는 것은 잘 사는 것인가? 걱정거리라는 것 역시 다 실재하지 않는 생각들이다.

우리가 하는 생각들이라는 것은 불교적 관점에서 본다면 여러 가지 심리 현상이 서로 비비고 하면서 일어나는 물거품 같은 현상들이라는 것이다.

느낌 , 인식 , 의도 , 일으킨 생각 , 지속적 고찰 , 결심 , 성냄 , 들뜸 등이 서로 비비면서 일어나는 이 물거품 같은 것들이 생각의 실체라는 것이다. 여기에서 가장 중요한 것은 이 생각이란 것의 물거품들은 일어나면 사라지는 무상한 것이고, 실체가 없는 것이라는 것이다.

이 실체 없는 것들을 집착 해서 걱정이라는 짐을 지고 있는 것이다.

놓아버리면, 내려놓으면 이 걱정들은 스스로가 사라지는 것들이다.

지금 아들의 수능이 얼마 남지 않았다고 한다면 부모로서 해야할 일은 무엇이겠는가? 얼굴을 찌푸리면서 걱정을 하고 있어야 아들이 시험을 잘 보겠는가?

아니면 어디에 가서 열심히 절을 하면서 기도를 해야 잘 보겠는가?

아니면 걱정을 내려놓고 편안한 마음으로 아들을 지켜보면 시험을 잘 보겠는가?

무엇을 하든 결과는 아들에게 달려있다.

그런데도 부모는 탐욕 이 가득한 생각으로 집착 을 하고 있다.

이것이 걱정이라는 생각의 실체이다.

걱정이라는 생각이 든다면 즉각적으로 "숨." 하면서 코끝의 호흡으로 마음을 보낸다. 마음이 달아나더라도 몇 번 더 '숨'을 하면서 호흡으로 마음을 보내면 당신의 마음은 잠시라도 안정을 찾을 것이다. 그리고 다시금 지혜의 마음을 내본다. 내가 지금 하는 생각,

걱정은 물거품 같은 것이고, 실체가 없는 것들이라고. 아들의 시험 결과는 아들이 한 노력의 결과인데, 내가 욕심을 부리고 있지 않나 하고 지혜롭게 생각을 하면서 호흡으로 마음을 보낸다.

걱정은 사라지고, 호흡을 대상으로 한 고요한 마음만이 남는다.

고요하게 보이는 부모님을 본 아들 역시 편안한 마음으로 시험을 볼 것이다.

걱정이 되는가?

그러면 걱정할 필요가 없다!

단지 마음을 '숨'으로 보내면 될 뿐이다.

내일은 오지 않는다. 내일이 되면 또 오늘이다

내일 만나자고 약속을 하지만 내일이 되면 "오늘 몇 시에 만날까?" 하고 묻는다. 결국, 내일은 없다는 말이다. 이 말은 미래니, 시간이니, 내일이니 하는 것들은 존재하지 않는 생각뿐이라는 것이다. 그러나 우리는 존재하지도 않는 미래를 두려워한다. 혹 노후에 어떻게 될까 봐 아니면 미래에 무슨 일이 일어날까 봐 걱정하면서 무엇인가를 준비한다. 왜 미래를 두려워할까?

이 두려움의 근본 원인은 집착 에 있다. 본질적으로 집착에서 슬픔, 두려움, 고통 같은 것이 일어난다. 이것은 즉각적으로 체험할 수 있다. 면접을 보러 갈 때, 누군가를 사랑할 때, 좋아하던 사람이나 물건과 헤어질 때 우리에게는 슬픔, 두려움, 고통 같은 것이 일어난다.

미래 때문에 걱정을 하는 것이 아니고 미래다, 노후다 하는 생각을 붙잡을 때 일어나는 마음의 현상을 걱정이라고 표현하는 것이다. '미래다', '불행이다', '걱정이다' 하는 단어만 다를 뿐이지 존재하지 않는 생각에 대한 집착의 산물이라는 점에서는 차이가 없다.

우리가 느끼는 모든 고통의 주된 원인에는 갈애 , 탐욕 , 집착 이라는 심리 현상이 있기 때문이다. 이것을 내려놓아야 행복하게 살 수 있고, 이것을 완전히 내려놓고 더 이상 일어나지 않게 하는 것이 불교의 궁극적 목표이다.

그 과정에 '숨'이 있다. "숨."이라고 외치는 순간 우리 마음의 상태는 변한다.

갈애 , 탐욕 , 집착 이 주를 이루는 마음에서 마음 챙김 , 알아차림 , 탐욕 없음 , 지혜 , 연민 , 자애 , 평온 , 몸의 편안함 , 마음의 편안함 등 유익한 심리 현상이 함께하는 마음으로 변한다.

이 심리 현상은 당신의 마음을 편하게 해주고, 당신의 인생을 행복으로 이끈다.

그리고 이것들은 당신이 직접 경험할 수 있는 것들이다.

이 과정을 이해하고 당신이 한순간이라도 경험하게 된다면 미래니 노후니 하는 많은 걱정을 내려놓을 수 있을 것이다.

내일은 오지 않는다. 지금 이 순간만이 존재할 뿐이다. 이 순간이 행복하면 당신은 행복한 사람이고, 이 순간을 걱정하고 있다면 당신은 불행한 사람인 것이다.

순간의 선택이 당신의 삶을 결정한다.

부자 마음, 가난한 마음

: 부자로 사는 방법

마음이 부자라야 진정한 부자라는 말이 있다. 이 말은 100억대 자산가라고 하더라도 친구한테 밥을 한 그릇 쿨하게 사지 못하고, 늘 인색하고 돈에 대해 전전긍긍한다면 그는 부자라고 불릴지라도 마음은 필시 가난한 사람일 것이다. 돈은 넉넉하지 않지만 친구들에게 밥을 한 그릇 사는 데 주저함이 없고, 매달 1만 원씩 점심을 거르는 어린이를 위해서 기부를 하는 사람이라면 그는 마음만은 부자인 사람이다.

우리는 부자가 되기 위해서 애를 쓰며 살고 있지만, 부자 마음으로 살기 위해 애쓰지는 않는다. 부자로 산다는 것이 행복하다는 보장은 없지만, 부자 마음으로 사는 순간은 확실히 행복하다.

사람들은 누군가에게 무엇을 줄 때 가장 큰 기쁨을 느낀다고 한다. 당신이 점심을 거르는 어린이를 위해서 매달 1만 원을 기부한다고 생각해보라. 1만 원은 적은 돈인 것 같지만, 점심을 거르는 어린이가 그 돈으로 굶는 고통에서 조금이라도 벗어날 수 있다는 생각을 하면 마음은 넉넉해지고 행복해질 것이다. 그것도 그 생각을 할 때마다 그런 행복한 마음들이 일어날 것이고, 이것의 값어치는 돈으로 매길 수 없을 것이다.

원인은 한 번이지만 행복한 결과는 수천 번 나타날 수 있다.
이것이 부자로 사는 방법이다.
작지만 무언가를 나누는 것.
이것을 불교에서는 '보시'라고 한다.
그리고 보시는 꼭 재물을 나누는 것만을 의미하지는 않는다.

우리는 간단한 말 한마디, 가벼운 미소 한 번으로도 상대방과 행복을 나눌 수 있다. 양보 운전이나 친절한 길 안내도 모두 보시가 될 수 있다. 이렇듯 우리는 줄 수 있는 많은 것을 가지고 있다. 그러한 의미에서 당신은 부자임이 틀림없다. 단지 나눌 방법을 몰라서 스스로 가난하다고 생각하고 있을 뿐이다.

부자로 살고 싶은가? 그것은 그렇게 어렵지 않다.
우선 '숨'을 외치면서 코끝으로 당신의 마음을 보내라.
그리고 그 순간 자신에게 편안함과 행복감을 보시하라.

자신에게 보시한 숨을 통해 행복감을 느낀다면 그 순간 당신은 누구보다도 부자 마음으로 살고 있는 것이다. 그리고 마주하는 대상에게 미소를 지으라. 그러면 역시 당신은 부자 마음이 된다. 부드러운 말을 하고, 남을 칭찬하고, 조금씩 양보하는 보시의 마음을 낸다면 당신은 온종일 부자로 살아갈 것이다.

돈이 많은 것을 부자라고 하지만 부자가 인색하면 가난한 사람이 된다. 그런 의미에서 지금 보시하는 마음을 가진 당신은 세상에서 가장 부유한 사람이다. 그리고 가장 행복한 사람이다. 이것이 돈의 있고 없음과 관계없이 숨을 통해 매 순간 부자로 살아가는 방법이다.

Here and Now

: 지금 그리고 여기

무엇을 하든

무엇을 가지고 있든

무엇을 생각하든

행복하다고 느끼든

불행하다고 느끼든

모든 것은 지금 여기에서 일어날 뿐이다.

이 말은 당신이 행복할 수 있는 시간과 장소는 지금 이 순간밖에 없다는 것을 의미한다. 그러나 우리는 대부분 시간을 지금 여기를 벗어난 마음, 즉 공허한 상상을 하면서 살아가고 있다. 그러면서 존재하지도 않는 미래를 꿈꾸며 '내일은 행복할 거야!' 하고 계획을 세우고 거기에 집착한다.

내일은 오지 않는다.

내일이 되면 또 오늘이라고 이야기한다. 지금 여기에 존재하고 있을 뿐이다.

지금 여기를 놓치고 있다면 영원히 행복할 수 없다.

행복이 지금 여기에서 느낄 수밖에 없는 것이라면
당신이 행복해지는 것은 그다지 어렵지 않다.
그것은 바로 '숨'을 보는 것이다.

지금 이 순간 온갖 상상으로 돌아다니고 있는 마음을 '숨' 하면서 당신의 코끝으로 데려온다면 우리는 즉각적으로 행복을 느낄 수 있다. 마음은 현재에 있을 때 가장 행복하다. 그러나 우리 대부분은 마음이 과거로, 미래로 옮겨 다니며 들뜸과 집착으로 동요되면서 고통받는다. 지나간 일들을 후회하면서 고통받고, 오지도 않는 일들을 걱정하면서 고통받는다. 이런 고통에서 벗어나는 길은 지금 여기서 숨을 자각하고 마음을 숨으로 보내는 것이다.

잠시 눈을 감고 마음을 코끝의 호흡으로 보내보자. 지금 이 순간 우리의 마음이 고요하고 행복하다면 우리는 지금 여기에서 행복한 사람이다. 내일 행복한 사람이 아닌 지금 이 순간에 이미 행복한 사람이다.

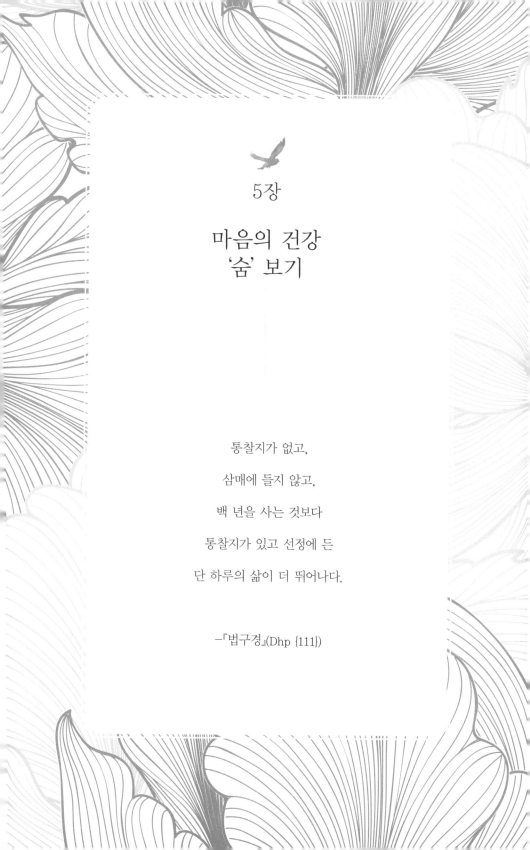

5장

마음의 건강
'숨' 보기

통찰지가 없고,

삼매에 들지 않고,

백 년을 사는 것보다

통찰지가 있고 선정에 든

단 하루의 삶이 더 뛰어나다.

－『법구경』(Dhp {111})

진정으로 쉰다는 것은?

가만히 누워서 스마트폰을 보고 있다면 그것은 쉬고 있는 것일까?

잠을 잔다면 육체적으로 휴식을 취한다고 볼 수 있다. 그러나 마음이 복잡해서 뭔가 다른 대상을 찾는다는 것은 쉬는 게 아니고 대상이 바뀐 것뿐이다. 마음은 본질적으로 대상을 찾아 헤맨다. 그러나 그 대상이라는 것들은 대부분 탐욕과 성냄을 실어 나르고 있다.

게임을 해서 스트레스 푼다고 하지만 사실은 게임을 하면서 탐욕과 성냄으로 더 많은 스트레스를 받는다. 조용한 음악을 들으면서 쉰다고 하지만 음악에 대한 탐욕 의 마음이 일어나고 있다. 탐욕 과 성냄 의 마음은 엄청난 정신적 에너지를 소모하기 마련이다. 당신이 재충전의 시간을 갖기 위해 여행을 간다면 그것은 또 다른 스트레스를 받고 온다는 뜻이다. 여행을 가는 도중에 혹은 여행지에서 일어나는 크고 작은 탐욕 과 성냄 의 일들이 연속되는 것이다.

그런데 여행을 갔다 오면 뭔가 새로운 기분이 드는 것은 무엇인가? 그것은 바로 느낌 때문이다. 새로운 느낌 의 영향으로 탐욕과 성냄이 묻혀버렸지만, 실상은 똑같은 일들이 일어난 것이다.

이런 의미로 현대인들은 제대로 쉬고 있지 못하다. 쉰다는 것의 의미도 모르고 있다. 제대로 쉰다는 것은 마음이 탐욕 과 성냄 이라는 심리 현상에서 벗어나 있다는 것을 의미한다. 이렇게 벗어나기 위해서는 탐욕과 성냄의 대상이 될 수 없는 어떤 안전한 대상이 필요하다. 그것이 바로 '숨'이다.

게임이나 영화, 드라마는 탐욕과 성냄을 그리고 집착이 붙기 알맞은 대상이다. 재미가 있기 때문이다. 그리고 그 대상을 통해 재미를 느낀다는 것이 사실상의 에너지 소모이다. 그래서 보고 나면 피곤함을 느끼게 되는 것이다. 그러나 '숨'을 본다는 것은 그렇지 않다. 재미는 없지만, 마음은 고요하고 평화롭다. 마음이 호흡에 기대어 조용히 쉬고 있음을 느낄 수 있다.

이것이 진정으로 쉬는 것이다. 그리고 이 마음을 쉬게 만드는 것은 공간적으로나 시간적으로 제약을 받지 않는다. 당신은 언제든 어디에서든 진정한 휴식을 취할 수 있다.

'숨'이라고 외치는 순간 복잡한 세상에서 벗어나 당신의 마음은 휴식을 취할 수 있다. 이 순간 스트레스도 없고 짜증도 없는 육체적으로나 정신적으로 가장 건강한 상태이다. 그리고 이 순간이 길어지면 행복감을 느끼게 된다. 그것이 사실상의 호흡 명상이다.

살면서 가정이나 직장 혹은 관계에서 오는 스트레스를 받아서 쉬고 싶다든지 아니면 잠시 벗어나고 싶다고 해서 영화나 게임이나 여행 등으로 달려가서는 안 된다. 왜냐하면, 우리는 어디서 무엇을 하든지 간에 여섯 가지 감각기관이 대상을 받아들이는 것에서 벗어날 수 없기 때문이고 그래서는 당신이 쉴 수 없기 때문이다. 눈은 봐야 하고, 귀는 들어야 하고, 코는 냄새를 맡아야 한다. 설혹 이것들을 다 막아놓더라도 당신은 생각이라는 것을 통해서 탐욕과 성냄, 들뜸이라는 여러 가지 해로운 심리 현상을 겪을 수 있기 때문이다.

그러므로 마음을 편안한 대상으로 옮겨놓는 곳이 진정한 휴가이고, 휴식이다.
그것은 바로 '숨'을 보는 것이다.

'숨'을 본다는 것의 의미

이 책 전체에서 계속 강조하는 것은 '숨'을 보라는 것이다. 걱정이나 생각, 여러 가지 대상을 만나면 숨을 보는 것을 통해 마음의 흐름을 끊고, 대상을 바꿔서 앞에 일어난 마음에서 벗어나 새로운 마음이 일어나게끔 하는 것이 '숨'의 역할이다. 그러나 숨을 본다는 것은 생각처럼 쉬운 일은 아니다.

우선 숨을 보겠다고 마음을 내어야 한다. 하루에 한 번이든 두 번이든 보게 되면 점점 더 자주 볼 수 있다. 그리고 장소도 중요하다. 아침에 엘리베이터 앞에서나 지하철에서 열차를 기다릴 때 숨을 보겠다고 결심을 해야 한다. 그러면 그 결심을 조건으로 엘리베이터나 지하철역에서 문득 생각이 날 것이다. 그때 "숨."이라고 외쳐라. 그러면 이제 습관이 되어갈 것이다. 가장 중요한 것은 행하려고 하는 당신의 의도와 의지이다. 이 마음만 있으면 방법도 생기고, 시간도 생기는 것이다.

그리고 '숨'이라는 것을 보게 되면 마음이 얼마나 빨리 달아나는지 알 수가 있을 것이다. 불교에서 마음이라는 것은 이 나무 저

나무를 옮겨 다니기 바쁜 원숭이와 같아서 잠시도 가만히 있지를 못한다고 한다. 눈으로, 귀로, 생각으로 여기저기 옮겨 다닌다. 이 날뛰는 마음을 붙잡아 두는 역할을 하는 것이 바로 '숨'이다. "숨." 이라고 외치는 순간 마음은 코끝의 호흡으로 돌아온다. 이것은 사실상의 마음 길들이기다. 코끼리나 동물 등을 길들이기가 쉽지 않듯이 마음 역시 길들이기 쉽지 않다. 그러나 당신이 숨을 보려는 마음만 있다면, 숨을 보려는 업을 쌓는다면 그 결과로 마음의 조련사가 될 수 있을 것이다.

'숨'을 본다는 것은 우리 삶에서 너무나도 많은 이익을 주기 때문에 생소하고, 쉽지 않더라도 마음을 내보라는 것이다.

숨을 본다는 것의 의미는 여러 가지 걱정과 생각, 순간적으로 일어나는 짜증, 탐욕 등을 끊어내고 새롭게 마음을 일으켜 그러한 번뇌 등에 끌려가지 않는 것이다.

이 의미를 이해하고 '숨'을 한다면 여러 가지 경계에 시달리지 않고 행복해질 것이다.

마음의 건강

: 호흡 명상

대부분 사람은 육체적 건강을 위해 운동을 한다. 등산을 한다든지, 걷기를 한다든지, 헬스클럽 등을 다니면서 몸의 건강을 유지하기 위해 노력한다. 건강한 삶을 영위하기 위해 육체적 운동은 필수이다. 그러나 대부분은 육체적 건강은 무슨 의미인지 알지만, 마음의 건강에 대해서는 잘 알지 못할 것이다.

마음이 건강하지 못하다는 것은 사실상 깨어있지 못한 상태라고 할 수 있다. 깨어있지 못하면 짜증, 성냄, 욕심, 걱정, 생각에 마음이 시달리면서 혼탁해진 상태라고 할 수 있다. 마음이 혼탁해지면 몸도 역시 영향을 받는다. 우울증, 울화병이라고 하는 것들은 다 마음이 만들어낸 병이라 할 수 있다. 그래서 아무리 몸이 건강해도 마음이 건강하지 못하면 우리는 결국 건강하지 못하다는 말이 된다.

마음이 건강해지기 위해서는 어떻게 해야 하는가? 그것은 바로 깨어있으면 된다. "숨."이라고 외치는 순간 당신의 마음은 호흡을 향해 깨어있는, 즉 알고 있는 마음이 된다. 이 순간 건강한 마

음이 된다. 이 마음 상태에는 여러 가지 유익한 심리 현상이 같이
한다. 마음 챙김, 알아차림, 평온, 자애, 연민, 탐욕 없음, 성냄 없
음, 몸의 편안함, 마음의 편안함 등 피가 맑아지는 유익한 심리 현
상이 마음과 같이 일어난다. 이 상태가 마음이 건강한 상태다. 이
상태를 자주, 오랫동안 유지시키는 것이 마음의 근육을 키운다
는 뜻이다. "숨."이라고 자주 외칠수록, 숨에 마음이 오래 가있을
수록 마음의 근육은 강화되고, 마음은 건강해진다. 이 상태를 자
주 만들기 위해서는 주기적으로, 정기적으로 호흡 명상을 해야 한
다. 호흡 명상이란 조용히 눈을 감고 계속 '숨'을 보는 것이다. '숨'
을 보는 것은 같은데, 특정한 장소나 시간을 정해놓고 하는 것이
다른 점이라고 할 수 있다.

나는 개인적으로 퇴근 후에 1시간 정도 거의 매일 호흡 명상을
하고 있다. 주말에는 시간과 횟수를 좀 더 자주 늘려서 하고 있
다. 이 말은 마음의 건강을 유지하기 위해 육체적 운동을 하듯이,
정기적으로 마음의 운동을 하고 있다는 의미다. 육체적 운동을
통해서 몸이 건강해지고 상쾌해지듯이, 마음의 운동인 호흡 명상
을 하면 마음이 상쾌해지고 명료해지고 행복해진다. 이 상쾌함,
명료함, 행복함이 나의 삶의 원동력이다. 이 불교의 호흡 명상을
알게 해준 모든 인연에 엎드려 감사의 인사를 올린다.

건강해지고 싶은가? 그러면 기본적으로 적절한 육체적 운동을 해야 할 것이다. 그러나 아무리 적절하게 운동한다고 해도 당신은 결국 늙음이라는 현상 앞에 무릎을 꿇게 될 것이다. 아무리 운동을 하고 건강을 챙긴다고 한들, 결국 육체적 늙음은 피할 수 없다는 말이다. 그러나 마음은 다르다. 호흡 명상을 통해 마음이 건강하고, 마음의 근육이 강하다면 당신은 육체는 힘이 없지만, 마음은 건강하게 유지될 것이다. 이 말은 호흡 명상은 치매를 방지해 준다는 말이기도 하다.

삶에서 호흡 명상의 실질적인 이익 31가지

- 혈압을 조절할 수 있습니다.
- 노화 현상이 느슨해집니다.
- 천식이 확실히 완화됩니다.
- 내분비계통이 조화롭게 됩니다.
- 신경계가 이완됩니다.
- 뇌파 활동의 변화에 지속해서 이익을 줍니다.
- 담배와 술을 끊을 수 있게 됩니다.
- 쉽게 잠이 듭니다. 불면증 치료에 도움이 됩니다.
- 반응이 영민해져 스트레스 상황을 효율적으로 대처하게 됩니다.
- 의식을 다스리는 데 도움이 됩니다.

- 주의 집중에 도움이 됩니다.

- 창의력이 향상됩니다.

- 기억력과 학습 능력을 높일 수 있습니다.

- 감정과 정서가 안정됩니다.

- 나쁜 습관을 쉽게 제거하게 됩니다.

- 복잡한 문제의 해결 능력이 높아집니다.

- 성품이 정화됩니다.

- 의지력이 개발됩니다.

- 자신과 타인을 더욱 깊이 이해하게 됩니다.

- 삶의 태도가 바뀝니다.

- 직감 능력이 발달합니다.

- 몸의 긴장을 풀어줍니다.

- 인내력이 더 강화됩니다.

- 자신과 타인을 더 많이 포용하게 됩니다.

- 바로 지금 이 순간에 살게 됩니다.

- 번뇌가 줄어듭니다.

- 특수한 장비가 필요 없습니다.

- 복잡한 학습 방법이 필요 없습니다.

- 언제, 어디서든 할 수 있습니다.

- 어떠한 부정적인 영향도 없습니다.

- 자신을 알게 되고 만족, 행복해집니다.

명상! 그 고요한 행복으로

살면서 당신에게 진정으로 만족을 가져다준 것이 있었던가?
정말 행복한 순간이 있었다면 그것은 언제였던가?

명상의 행복은 조건 없는 행복이다. 사실 우리가 추구하는 행복이라고 하는 것들은 대부분 느낌을 탐하는 것이다. 즉 감각적 쾌락의 행복이라는 것이다. 불교에서는 감각적 쾌락을 누리는 행복도 행복이라고 하며 그것을 부정하지는 않는다. 그러나 그 감각적 행복을 불완전한 행복이라고 보는 이유는, 그 감각적 행복을 누리기 위해서 우리가 끊임없이 조건이라는 것을 부여해야 하기 때문이라고 불교는 말한다.

골프의 스윙을 맛보기 위해서는 새벽같이 일어나야 한다. 혀에서 오는 행복을 누리기 위해서는 맛집을 찾아가야 하고, 긴 줄을 서야 한다. 쇼핑의 즐거움을 느끼기 위해서는 돈을 버는 고통을 감내해야 한다. 술을 먹으면 알딸딸하나 다음 날 숙취로 인해 뼈와 살이 녹는 고통을 감내해야 한다. 담배 역시 마찬가지이다. 담배 한 모금의 즐거움을 누리기 위해 추운 날 식당 밖에서 벌벌 떨면서 한 모금 빨아야 한다.

이렇듯 감각적 쾌락의 행복을 누리기 위해서 우리는 고통을 감내해야 한다. 그러나 그 고통을 감내한 보람도 없이 감각적 쾌락의 행복은 일어났다가는 이내 사라져버린다. 변해버린다는 것이다. 그래서 다시 조건을 부여해야 한다. 다시 예약해야 하고, 맛집을 찾아다니고, 여기저기 여행지를 알아봐야 한다. 이것이 참으로 진정한 행복인가?

명상의 행복은 조건 없는 행복이다. 지금 이 순간 "숨." 하면서 코끝으로 호흡을 보낸다. 그러면 명상의 시작이고, 행복의 시작이다. 조용한 방도 좋고 사무실도 좋다. 당신의 호흡과 '숨'을 보려는 마음, 그것만 있으면 된다. 그것이 조건이라면 조건이다. 물론 처음에는 쉽지 않다. 그러나 당신이 '숨'을 통해서 행복해지려는 마음만 있다면 그다지 긴 시간이 걸리지 않을 것이다. 물론 전문적인 명상센터를 찾아 집중 수행을 하면 더욱 효과가 클 것이다. 점차 숙달돼서 '숨'에 마음이 머무는 시간이 길어지기 시작하면 당신은 호흡을 통해서 희열과 행복, 고요라는 정신적 즐거움을 느끼기 시작할 것이다. 이 즐거움이 명상의 행복이고, 조건 없는 행복이라고 말할 수 있다.

많은 사람이 '힐링'이라는 말을 한다. 뭔가 삶에서 오는 정신적 스트레스나 불만족, 괴로움 등을 치유한다는 의미일 것이다. 그러나 불행하게도 현대인들은 힐링의 진정한 의미를 모르고 있다. 힐링을 위해서 여행을 간다면 그것은 또 다른 조건의 부여이고, 또 다른 대상을 통한 정신적 스트레스일 뿐이다. 우리가 대상에 계속 반응하고 있는 한 진정한 힐링은 있을 수 없을 것이다.

숨이라는 대상을 보는 데는 조건도 없고, 숨의 좋아함과 싫어함도 없다. 단지 그 숨을 아는 마음, 그리고 그 숨에 마음이 기대어 있을 뿐이다. 그러한 마음의 상태만이 진정한 힐링이 될 수 있을 것이다. 그 상태가 길어지는 것, 그것이 바로 명상을 통한 조건 없는 행복, 진정한 행복이다. 물론 이 행복 역시 당신의 선택에 달려 있다.

자 이제 당신 앞에 '숨'이라고 하는 것이 있다. 이것을 외치면 당신은 고요한 행복의 세계로 들어가는 첫발을 내딛는 것이고, 아니면 다시 칼끝에 묻은 꿀과 같은 감각적 행복의 세계로 다시 돌아가야 하는 갈림길에 서있다.

당신은 선택은 무엇인가?

불교는 길을 보여줄 뿐이다. 그 길을 가고 가지 않고는 당신의 선택이다.

왜냐하면, 당신만이 자기 자신을 행복하게 만들 수 있기 때문이다.

오직 행위에 관한 결과만 있을 뿐이다.

※ 다시 태어나지 않음은 행복인가?

만약 다음 생에 관해서 당신에게 선택권을 준다면 당신은 어떤 선택을 할 것인가? 즉 다시 태어날 수도 있고, 다시 태어나지 않을 수도 있는 선택권이라면 말이다.

잠시 눈을 감고 이 선택에 관해 결정하라고 한다면 당신은 어떤 선택을 할 것인가?

이 세상이 행복하고 너무 즐겁다고 생각하는 사람이라며 다음 생을 선택할 것이고, 이 삶이 그다지 만족스럽지 않다면 다시 태어나지 않음을 선택할 것이다.

당신은 어떠한가?

불교의 가르침은 다시 태어나지 않음을 가르치고 있다. 그 이유는 당신이 사는 이 세상에 행복이 없는 것은 아니지만, 그것은 조건 지어져있기에 완전한 행복이 아니기 때문이다.

음식의 맛을 통해 행복을 느낄 만하면 배가 불러서 그 행복감이 사라져버리고, 새 차를 사서 만족스럽다 싶으면 어느새 다른 차를 가지고 싶어 하는 마음이 들고, 자식들 덕분에 행복했지만 그 역시 떠나가고 변해버리고, 청춘인가 싶었는데 어느덧 노인이 되어버리기에 우리의 행복은 불완전하다는 것이다.

다시 태어남은 이 불완전함을 다시 선택해야 한다는 것을 의미한다.

그렇다면 다시 태어나지 않는다는 것은 어떤 의미인가?

그것은 완전한 행복, 조건이 없는 행복, 탐욕·성냄·어리석음의 소멸이라고 이야기하며, 그 상태를 열반이라고 말한다.

그리고 열반은 언어로 이해하는 것이 아니라 실현되어야 한다고 이야기한다.

열반의 실현!

그것이 다시 태어나지 않음이고, 불완전한 행복을 넘어선 완전한 행복이라고 불교는 가르치고 있다.

그리고 그 완전한 행복으로 가기 위한 출발점에는 다시 태어나고 싶어 하지 않는 당신의 마음, 즉 현실 세계의 불만족성에 대한 통찰이 필요하다.

살면서 느끼는 왠지 모를 허전함.

매일 겪어야 하는 퇴근길의 고단함.

무언가를 이룬 것 같으면서도 채워지지 않는 아쉬움.

사라져버린 기쁨과 행복.

목이 터져라 응원한 야구팀이 이겨도 경기가 끝나버리면 밀려드는 알 수 없는 공허함 같은 감정은, 당신이 뭔지는 모르겠지만 어렴풋이 느낄 수 있는 현실 세계의 불만족성 같은 것들이다.

그리고 당신에게 이 어렴풋한 불만족성에 대한 자각이 자주 일어날수록 당신은 다시 태어나고 싶지 않은 마음이 자주 일어날 것이고, 그러한 마음이 자주 일어난다는 의미는 당신은 이제 완전한 행복을 만날 준비가 되어있다는 뜻이다.

불교는 행복을 추구하는 가르침이다.

학문과 기술을 익히고, 늘 나누는 마음으로 살고, 다섯 가지 도덕적 기준(5계)을 지켜나간다면 당신은 현생에서도 행복하고 내생에서도 행복할 것이라고 가르친다.

그러나 아무리 행복하더라도 그것들이 변해버릴 것이기에 진정으로 완전한 행복인 열반의 실현으로 나아갈 것을 강조한다. 열반은 팔정도를 닦아 네 가지 거룩한 진리, 즉 사성제를 꿰뚫어 앎으로써 실현된다.

자 이제 일장춘몽 같은 삶이 지나가고,
당신은 죽음을 눈앞에 두고 있다.
당신에게 선택권이 주어진다.

마음을 '숨'에 두고 죽으면 다시 태어나지 않고,

그냥 죽는다면 당신은 다시 태어난다.

당신은 어떤 선택을 할 것인가?

'숨'을 볼 것인가? 아니면 그냥 죽어서 다시 태어날 것인가?

모든 존재는 행복하게 살기를 원한다.

그러나 대부분은 행복이 무엇인지 모르고 있고, 심지어 왜 살아가는지조차 모르고 있을 것이다.

본질적 관점에서 본다면 당신은 살아가고 있는 능동적 주체가 아니고, 삶을 요구당하는 수동적 존재이다.

당신의 태어남이 당신의 뜻이었는가? 그리고 당신이 맞이할 죽음 역시 당신의 뜻이겠는가? 또한, 살면서는 많은 것을 요구당했을 것이다. 느낌으로 소비를 요구당하고, 삶은 이러이러해야 한다는 인식과 가치관에 의해서 요구당하면서 살아왔을 것이다. 그리고 고개를 갸우뚱거리면서, 사는 게 뭔지 나이를 먹는 게 뭔지 왜 살아왔는지에 대해 한 번쯤은 의구심을 가졌을 것이다.

그러나 대부분은 의구심만 가졌을 뿐, 문제 해결에 대한 본질적인 접근을 하지 못한 채 늙음과 죽음을 맞이했을 것이다.

이 책은 내가 불교를 만나면서 그 의구심에 대해 몸소 경험하고 체험한 부분을 공유하고자 쓴 것이다.

나는 오온이요, 세상은 12처다. 세상의 모든 결과에는 원인이 있다.

이런 가르침들을 배우면서 의구심은 해소되었고 결과적으로 더 행복해졌다.

살아가면서 만나는 희로애락에 덜 시달리고 "슙." 하면서 마음이 평화로워질 때마다 나는 이 가르침에 감사하는 마음을 가졌고, 이 행복을 전해주고 싶은 마음이 생겼다. 아마도 이것이 이렇게 두서없는 책이 나오게 된 이유일 것이다.

불교의 가르침을 이만큼이나 알게 해준 선지식들에게 엎드려 감사의 인사를 올린다. 그리고 살면서 나와 인연이 된 많은 사람, 행여 그분들이 나로 인해 고통을 받는 일이 있었다면 이 책을 통해 참회하며 용서를 구한다. 또한, 내가 이 책에서 부처님 가르침을 잘못 이해하고 잘못 전달한 것이 있다면 그것은 모두 나의 잘못이다.

이 책을 통해 한 명이라도 "숨." 하면서 본질에 대한 이해를 시도
한다면 이 책은 그 값어치를 다한 것으로 생각한다.

모든 존재가 고통에서 벗어나 행복하기를….